Safi Nidiaye

Intimität

Das Geheimnis des Glücks

INTEGRAL

FSC
Mix
Produktgruppe aus vorbildlich bewirtschafteten Wäldern und anderen kontrollierten Herkünften
Zert.-Nr. SGS-COC-1940
www.fsc.org
© 1996 Forest Stewardship Council

Verlagsgruppe Random House FSC-DEU-0100
Das für dieses Buch verwendete
FSC-zertifizierte Papier *Munken Premium Cream*
liefert Arctic Paper Munkedals AB, Schweden.

Integral Verlag
Integral ist ein Verlag der Verlagsgruppe Random House GmbH

ISBN 978-3-7787-9181-3

1. Auflage 2007

Redaktion: Dr. Juliane Molitor
Einbandgestaltung: Reinert & Partner Werbedesign, München
Gesetzt aus der ITC Galliard bei Leingärtner, Nabburg
Druck und Bindung: GGP Media GmbH, Pößneck

Inhalt

Kennst du mich noch?
Ich war bei dir,
als du deinen ersten Atemzug tatest,
ich war bei dir noch heute Morgen,
als du erwachtest,
und ich werde bei dir sein,
wenn dein Atem
sich mit dem Atem der Unendlichkeit vereint.
Ich werde dich erwarten
am anderen Ufer.
Ich werde dich an der Hand nehmen,
und du wirst weinen vor Freude,
nicht allein zu sein.
Du warst nie allein.
Nicht einen Augenblick
warst du getrennt von mir.
Weder in der Trübsal deiner Tage,
noch in der Pein deiner Nächte,
weder im Rausch des Vergessens
noch im Rausch des Glücks
warst du allein.
Ich reichte dir das Glas,
ich trank mit dir.
Ich weinte und lachte mit dir.
Ich hielt dir das Licht,
wenn du deinen Weg suchtest,
und ich hüllte dich in die Decke der Dunkelheit,
wenn du vergessen wolltest.
Ich schritt dir voran,
wohin du auch gingst,
und bereitete dir den Weg.
Ich ging hinter dir

und gab dir Schutz.
Während du schliefst,
hielt ich Wacht für dich.
Ich warte auf dich.
Ich habe keine Eile.
Eines Tages
erkennst du mich.

Einführung

Wenn wir unsere Ansicht darüber ändern, wer wir sind – und uns selbst als kreative, ewige Wesen mit körperlicher Erfahrung sehen können, miteinander verbunden auf der existenziellen Ebene, die wir Bewusstsein nennen –, dann beginnen wir diese Welt, in der wir leben, ganz anders zu sehen und zu erschaffen.

Dr. Edgar Mitchell, Astronaut, in Bleep

Trotz des materiellen Überflusses, den wir in den Ländern der »ersten Welt« allgemein genießen, leiden wir in unserer Gesellschaft an einer enormen seelischen Armut. Wenn wir unsere Welt betrachten, ist es offensichtlich, dass ein unterschwelliger Mangel uns rastlos und unzufrieden macht, stets auf der Suche nach »mehr«. Wir alle sind nach irgendetwas süchtig – nach Ablenkung, Zerstreuung, Unterhaltung, nach Liebe, Geld, Macht, Anerkennung, nach Aktion, Reiz oder Droge, nach Fernsehen, Beziehung, Sex, Internet, Videospielen oder Telefonieren. Oder ganz einfach nach »etwas«. Wenn »nichts« da ist, werden wir zappelig, und schnell muss wieder »etwas« her. Wir werden deshalb unruhig, weil wir in der Leere – in den Momenten, wo keine Ablenkung da ist – spüren, dass uns etwas fehlt. Dieses Gefühl ist unangenehm, ist schwer zu ertragen, und deshalb blenden wir es ganz schnell aus und beschäftigen uns wieder mit »etwas«. Das ist es, was ich Sucht nenne. Dieses Etwas kann darin bestehen, dass ich zum Telefonhörer greife und eine Freundin anrufe, dass ich aufstehe, um mir eine Tasse Kaffee zu machen, oder eine Zigarette anzünde oder denke: »Ich könnte mal wieder den Keller aufräumen.« Selbst auf dem spirituellen Weg kann unsere Suche den Charakter von Sucht annehmen. Wir sind dann mit dem Weg, den wir gehen, oder mit unserem Vorankommen auf diesem Weg nie ganz zufrieden. Vielleicht ist es nicht der richtige Weg ... Wir probieren andere aus. Vielleicht müssen wir früher aufstehen, mehr üben, noch gesünder essen, mehr Qi Gong oder was auch immer praktizieren ... Irgendetwas scheint immer zu fehlen – und fehlt in der Tat.

Wenn wir jedoch das Eine, Einfache, das fehlt, gefunden haben, ergibt sich alles andere von selbst: ob und was wir üben, tun, lernen müssen oder ob wir alles und uns selber einfach sein lassen können. Das Eine, Einfache, das fehlt, ist die Intimität. Die Intimität mit uns selber, mit unserem Leben, mit der Welt um uns her. Intimität erfüllt uns mit einem inneren Glück, ja, Intimität ist der Kern des Glücks.

Intim kommt aus dem Lateinischen und bedeutet »innerst, vertrautest« mit der Zusatzbedeutung (lt. *Duden*) »verborgen, geheim«. Intimität bedeutet einerseits, mit dem Innersten in Kontakt zu sein, und andererseits, dass ein »Du« da ist, mit dem ich in Beziehung stehe. Dieses »Du« kann alles sein. Die ganze Welt wird mir »Du« im Zustand der Intimität.

Intimität ist der ursprüngliche Zustand, in dem wir zu Hause sind; ist die Einheit, aus der wir alle hervorgegangen sind und die im Hintergrund unseres Bewusstseins immer noch vorhanden ist. Intimität bedeutet Begegnung und Beziehung. Intimität bedeutet, mitten im Himmel zu leben, selbst wenn die Umstände eher der Hölle gleichen. Intimität bedeutet das Gefühl des Zusammenhangs und der Verbundenheit. Intimität bedeutet, dass ich in Beziehung bin. Intimität bedeutet Nähe zu spüren, Nähe zu meinem Ursprung, zu Gott, zur einen Allgegenwart, die Nähe zu mir selber, meinem Herzen, meiner Seele, zu meinem Körper, zu den Menschen, Tieren, Pflanzen und Elementen der Natur, die meine Welt bilden; zu Sonne und Sternen, Erde und Mond. Intimität wieder zu finden bedeutet heimzukehren ins Paradies.

Was nicht bedeutet, dass uns dann der Antrieb verloren geht, uns weiterzuentwickeln. Wir schreiten immer noch von Sehnsucht zu Sehnsucht und Erfüllung zu Erfüllung, immer neuen Horizonten unserer selbst entgegen. Aber wir hören auf, Hungrige zu sein, Getriebene, Verzweifelte, Süchtige, die immer mehr und immer Neues brauchen und niemals zufrieden sind. Wir sind heimgekehrt, wir sind heil, und die Welt ist wieder das, was sie immer war: unser gemeinsames Spiel.

Tatsächlich kann unser Verhältnis zu der Welt um uns her eigentlich nur als eine unglaubliche Intimität beschrieben werden. Es ist uns nicht bewusst, wie sehr wir in jedem Augenblick mit den Wesen und Elementen, die unsere Welt bilden, verbunden sind, wie sehr unser Körper, unser Energiefeld, unsere Gefühls- und Gedankenwelt sich in einem ständigen Austausch mit den Körpern, Energiefeldern, mit der Gefühls- und Gedankenwelt anderer Menschen und zugleich mit den Elementen der Natur befindet. Uns ist der Sinn dafür verloren gegangen. Wir spüren diese Intimität nicht mehr. In unserer Wahrnehmung ist alles, was außerhalb unserer Haut liegt, von uns getrennt. Die Dinge, aus denen unsere Welt besteht, und die vielen Organismen und Elemente, welche »die Natur« bilden, erscheinen uns unbeseelt, oder zumindest haben wir keinen Zugang zu ihrer Seele, so dass wir nicht wahrnehmen, in welch intimer Verbindung wir mit ihnen stehen. Und auch unsere zwischenmenschlichen Beziehungen entbehren der Intimität, oft einfach deshalb, weil wir selbst sie ängstlich meiden. Intimität bedeutet »Ich-Du-Beziehung«, nicht »Ich-Er« (oder -Sie oder -Es).[1]

Wo die Intimität fehlt, leben wir an uns, aneinander und an der Wirklichkeit vorbei. Die Folge ist ein Mangel an »Seelennahrung«, ein Gefühl der Leere und Entfremdung, das uns jedoch nicht bewusst ist, weil wir ja nichts anderes kennen.

Wer jedoch einmal ein bewusstes Erlebnis von Intimität hatte, sei es mit einem Wesen oder Element der Natur, mit einem anderen Menschen oder auch mit seiner eigenen Seele, der weiß, dass der Kern des Glücks, der Zauber des Lebens, hier verborgen liegt.

Aber nicht nur unser persönliches Glücksempfinden verschwindet oder reduziert sich mit dem Fehlen der Intimität. Der allgemeine Verlust der Ich-Du-Beziehung oder Intimität, der durch den zunehmenden Konsum von Fernsehen, Film und Videospielen noch drastisch vorangetrieben wird, macht uns zunehmend unheil, entfremdet uns nicht nur uns selbst, sondern auch einander, der Natur, der Erde, dem Leben.

Immer mehr Gewalt kann auf diesem beziehungslosen Boden gedeihen. In einer Welt, in der der andere kein »Du« ist, sondern ein »Er« oder eine »Sie«, fällt es leicht, meine Interessen ohne Rücksicht auf andere Menschen durchzusetzen. Bestenfalls hindert mich noch ein schlechtes Gewissen daran, doch dies ist kein Ersatz für die Heiligkeit und Verbindlichkeit der Beziehung.

Mit diesem Buch möchte ich neue Wege zur Intimität eröffnen, einerseits als Antwort auf die Sehnsucht vieler – und meiner eigenen selbstverständlich. Andererseits hoffe ich, einen Beitrag zur Heilung unserer unheilen Beziehung zu uns selbst, zueinander und zu unserer Welt zu leisten.

Damit dieses Buch ein echter Wegweiser zur Wiederentdeckung der Intimität sein kann, werde ich tief in mich gehen, um den überwucherten Pfad, der in die Zauberwelt der Intimität führt, in meinem eigenen Innern zu suchen. Ich bin sicher, dass viele Leser sich in den inneren Prozessen, die ich dabei durchlaufen und mit ihnen teilen werde, selber erkennen können. Denn spätestens seit mir nach Erscheinen von *Den Weg des Herzens gehen*[2] unzählige Leser versichert haben, ich hätte mit diesem Buch ihre eigene Geschichte niedergeschrieben, weiß ich, dass ich nicht allein reise, sondern in einer großen Karawane von Suchenden. Ich beginne deswegen in der Gewissheit, auch diesen Weg, den heilsamen Heimweg in die wunderbare Welt der Intimität gemeinsam mit vielen anzutreten, auch wenn wir ihn vielleicht nicht gleichzeitig, sondern zeitversetzt gehen. Dennoch kann meine persönliche Reise, die ich hier in teils sehr intimer, poetischer Form wiedergebe (manches kann man nur in Form von Poesie ausdrücken), Ihnen nur als Anregung dienen, Ihren eigenen Weg zu finden und ihn auf Ihre eigene Weise zu gehen. Möge dieses Buch Sie dazu inspirieren.

Intimität ist ein Seelenzustand, über den zu schreiben etwas Paradoxes hat. Während ich darüber schreibe, bin ich nicht darin, und wenn ich darin bin, kann ich nicht »darüber« schreiben. Deshalb pendle ich beim Schreiben zwischen verschiedenen Einstellungen des Bewusstseins hin und her: Einmal schreibe ich rational sachbuchartig, einmal poetisch. Dann wieder gibt es Passagen, in denen ich einen intimen Dialog mit meinem höheren Selbst wiedergebe (Channeling). Diese verschiedenen Arten von Text werden entsprechend in verschiedenen Arten von Schrift präsentiert.

Herausgefallen aus dem Paradies

In einer Flut von Dankbarkeit feiert dein Herz innigste Zugehörigkeit. Solange dies andauert, hat alles Sinn. Du bist eins mit deinem wahren Selbst.

David Steindl-Rast: Fülle und Nichts

Ich bin herausgefallen aus der Zauberwelt der Intimität, vertrieben aus dem Garten Eden der lebendigen Beziehung mit den Wesen und Elementen der Welt um mich her. Ich suche und suche, taste und probiere, aber ich finde den Weg zurück nicht mehr. Ein sachtes Rauschen erklingt aus den Blättern der Birke, zu der ich aufschaue, wann immer mein Blick sich vom Bildschirm meines Computers löst. Ihre feinen, silbrig grünen Blätter tanzen und schwingen im Wind, flirrend im Licht der Nachmittagssonne. Hoch über mir zwitschern Vögel. Gelegentlich zieht eine Brise eines süßen Blütendufts vorbei. Ich genieße und bewundere all dies und könnte jederzeit ausrufen: »Sieh mal, wie schön!«, »Hör mal, wie wunderbar.« Aber das sind leere Worthülsen, Versuche, diese Eindrücke in echtes Erleben zu verwandeln, indem ich sie mit jemandem teile. In Wirklichkeit habe ich den lebendigen Kontakt zu der Welt um mich her verloren. Sie ist etwas geworden, das ich betrachte, erfahre, erlebe – ein »Es«. Ich fühle mich abgeschnitten, wie ein Zuschauer. Ich begegne den Elementen und Wesen meiner Welt nicht mehr. Es ist, als sei meine Seele stumpf geworden. Ich habe den Sinn für den intimen Kontakt mit der Welt um mich her verloren.

Ich vermisse ihn sehr. Ich habe keine Ahnung, warum ich ihn verloren habe und wie ich ihn wiedergewinnen kann.

Ich trauere.

Vielleicht ist diese Trauer meine letzte Verbindung zur entschwundenen Zauberwelt der Intimität.

Zauber-Ich,
mein Zauber-Ich,
du hältst dich versteckt
hinter den Gitterstäben
der Zweckwelt.
Wie kann ich dich daraus hervorlocken?
Vielleicht können meine Tränen
dich erreichen.
Vielleicht mein Wehklagen.
Ich bin deinen Spuren gefolgt
im Wald,
in den weiten Wiesen,
im Schweigen der Abendsonne,
hoch oben über dem See,
und du warst ganz nah.
Aber die leiseste Absicht,
der leiseste Zweck,
und du hast dich wieder versteckt.

Ich klammere mich an meine Trauer, aus Angst, dass diese letzte Verbindung zur entschwundenen Zauberwelt der Intimität auch noch verloren geht.

Wie kommt es, dass ich aus etwas herausgefallen bin, das ich doch, während ich drinnen war, immer als die wahre Welt empfand? Warum spricht der Baum, in dessen Schatten ich verweile, nicht mehr zu mir? Warum spricht nichts mehr zu mir?

Vielleicht bin ich nur taub geworden. Vielleicht spricht immer noch alles zu mir, aber ich höre es nicht.

Vielleicht muss ich ganz still werden.

Ich werde ganz still.

Alles, was ich vernehme, ist diese schreckliche Stille, die entsteht, wenn nichts mehr zu mir spricht.

Bitte sprich wieder zu mir, Welt. Bitte sprecht wieder zu mir, Baum und Wind, Sonne und Erde, Käfer und Blatt; Bruder, in dessen Augen ich vergeblich das Du suche, und meine eigene Seele, die verstummt zu sein scheint. Bitte sprich zu mir, Gott, rühre mein Herz an und öffne es für dein Wort, deine Wirklichkeit, deine Gegenwart.

Vielleicht habe ich zu viel gearbeitet, zu viel Belangloses getan, gelesen, geredet und gehört, zu wenig meditiert, zu wenig gebetet, zu wenig Seelenpflege getrieben.

Vielleicht trauere nicht ich, sondern meine Seele trauert, weil sie keinen Raum mehr findet in mir.

Vielleicht habe ich den Dingen der Welt diesen Raum geopfert.

Vielleicht habe ich die Intimität mit meiner Seele geopfert für ein wenig Geborgenheit in der trügerischen Sicherheit des Heims, der täglichen Beschäftigungen, der oberflächlichen Nähe zu einem anderen Menschen.

Aber so bin ich nun mal, liebe Seele, schwach, träge, süchtig nach Nähe und Wärme, und müde, nachdem ich all die Pflichten erledigt habe, die meine Kraft auszehren. Du kennst mich doch. Kannst du mich nicht nehmen, wie ich bin, und trotzdem in mir lebendig bleiben? Du musst dann eben ein wenig lauter reden, vielleicht rufen, womöglich sogar schreien, damit ich dich höre – seelentaub, wie ich im Alltagsleben geworden bin.

Mir dämmert: Du hast gerufen, du hast geschrien, und ich bin es, die nicht gehört hat. Dein Schrei ist eingebrannt in mein Herz, in meinen Körper. Er tritt mir als körperlicher Schmerz entgegen, als Unwohlsein, als Leid.

Nicht du bist es, liebe Seele, die sich meiner erbarmen muss. Ich muss mich deiner erbarmen.

Der Preis für meine Rückkehr in die Zauberwelt besteht darin, dass ich mein Herz öffne für den Schrei meiner Seele.

Ich rief dich in der Abenddämmerung,
aber du winktest ab.
»Später«, sagtest du. »Ich habe zu tun.«
Ich rief dich in der Morgendämmerung,
aber du zogst es vor weiterzuschlafen.
Ich wartete auf dich.
Ich leuchtete durch die Ritzen in der Mauer,
die du um dein Bewusstsein gezogen hattest,
um mich nicht wahrnehmen zu müssen.
Ich berührte dich,
um dein ängstlich verschlossenes Herz zu öffnen,
durch die Hand deines Geliebten.
Ich sprach zu dir im Traum.
Doch wo immer ich dir erschien,
du wandtest dich ab.
»Nicht jetzt«, sagtest du. »Später.«
Es tat mir weh,
den Schmerz deines schlechten Gewissens zu fühlen,
zu sehen, wie du dich quältest
in dem Glauben, du müssest mir einen besonderen Raum einrichten,

mir eine besondere Zeit widmen,
außerhalb der Beschäftigungen, die dir lieb und wichtig waren
oder notwendig erschienen,
Extra-Raum und Extra-Zeit für mich.
Aber ich bin ein Kind des Augenblicks,
immer neu, in jedem neuen Augenblick.
Ich brauche weder Extra-Zeit noch Extra-Raum,
und Gebete und Übungen locken mich nicht herbei.
Sie vertreiben mich eher.
Das wahre Gebet ist deine Antwort auf mein Rufen,
nicht deine Bemühung, mir gerecht zu werden.
Die wahre Übung
geht aus dem Glück der Begegnung hervor.
Vergiss Übungen und Gebete und geistige Pflichten,
vergiss Extra-Raum und Extra-Zeit.
Werde ein Kind des Augenblicks wie ich,
alles abstreifend,
was dich hindert, gegenwärtig zu sein.
Siehst du, dies zaubert ein Lächeln auf deine Lippen,
und mit diesem Lächeln kann ich wieder einziehen bei dir.

Zauberwelt

Alles wirkliche Leben ist Begegnung.

Martin Buber: Ich und Du

Gelegentlich geschieht es, dass ich spontan in einen ganz besonderen und wunderbaren Zustand eingetaucht werde. Ich nenne diesen Zustand »Zauberwelt«. Es ist wie ein Erwachen. Auf einmal merke ich, dass alles um mich herum lebendig, wesenhaft, beseelt und mit mir in Kontakt ist. Alles ist Begegnung. Alles spricht zu mir. Alles ist »Du«. Ob es der Baum ist, in dessen Schatten ich verweile, oder eine Blüte, an der ich schnuppere, das Wasser des Meeres, in das ich eintauche, oder der Wind, der mir die Haare zerzaust – was immer mir begegnet, ist lebendig, mit mir in Kontakt, spricht zu mir. Es ist ein erhobener, beseligter Gemütszustand, voller Zauber, voller Poesie, ein ganz besonderer Zustand. In der Zauberwelt fühle ich mich wie frisch verliebt und bin von Andacht erfüllt. In meinem Innern herrscht Stille. Jedenfalls ist das Plappern der Oberflächengedanken verstummt. Es ist ein Zustand intensiver Intimität – mit allem in mir und um mich herum. Alles ist »Du« und auf eine sehr intime Weise Freund. Wenn ich aus der Zauberwelt falle, ebenso unabsichtlich, wie ich in sie eingetreten bin, empfinde ich stets Trauer und Verlust. Viele Gedichtseiten lang habe ich versucht, sie wieder »herbei zu schreiben«, manchmal mit Erfolg.

Die Zauberwelt ist viel wirklicher, fühlt sich viel richtiger und der Wahrheit näher an als der alltägliche Bewusstseinszustand, der demgegenüber abgestumpft erscheint. Im abgestumpften Zustand habe ich Grund, mich vor allem Möglichen zu fürchten, und ich leide.

In der Zauberwelt leide ich nicht, denn es gibt keinen Grund dafür. Dort bin ich ja Teil von allem, und alles gehört zu mir. Alles ist ein lebendiges Wunder. Das reine Dasein ist ein Wunder, eine Offenbarung. »Solange der Himmel des Du über mir ausgespannt ist, kauern die Winde der Ursächlichkeit an meinen Fersen, und der Wirbel des Verhängnisses gerinnt.«[3]

Das Leben außerhalb der »Zauberwelt« der Intimität ist vergleichsweise flach. Es fehlt eine Dimension. Und irgendwo im Hintergrund unseres Bewusstseins wissen wir alle, dass sie fehlt, auch wenn wir nicht wissen, welche Dimension es ist und wie wir sie finden können. Wir bemerken dieses Fehlen, wenn wir uns wehmütig an bestimmte Momente der Kindheit erinnern, Momente des Zaubers, die auch das unglücklichste Kind irgendwann einmal erlebt hat. Wir bemerken es, wenn wir bestimmte Bilder betrachten oder Musikstücke hören, die uns an diese verlorene Dimension erinnern.

Zauber-Ich,
mein Zauber-Ich,
wenn die Amseln singen,
wachst du auf
und tanzt.
Zauber-Ich,
du hältst den Schlüssel
zur wahren Welt.
Zauber-Ich,
mein Zauber-Ich,

zu lange
habe ich dich verraten.
Komm hervor
aus deinem Versteck.
Es ist Zeit.
Auch wenn die Amseln
noch nicht singen:
Von nun an
ist immer Zeit,
immer Zauber-Zeit.

Klingt meine Zauberwelt-Geschichte ein wenig verrückt? Ich sage Ihnen: Verrückt ist die »normale« Welt. Die Zauberwelt ist die wahre Welt. Sie ist das Bewusstsein der allgegenwärtigen All-Intimität, die in jedem Augenblick latent vorhanden ist und darauf wartet, (wieder) in unser Bewusstsein zu treten.

Erinnerung an die Welt der Intimität

Zu mir strömen von allen Seiten die Dinge
des Weltalls unaufhörlich,
Alle sind sie an mich geschrieben und
ich muss die Schrift entziffern.

Walt Whitman: Grashalme

Es war einmal eine Zeit, da lebten wir in einer Welt voller Wunder. Sonne, Mond und Erde, Bäume und Pflanzen, Luft und Wasser waren lebendige Wesen für uns. Wir sprachen mit ihnen und sie mit uns. Unser Leben war eine Art magische Reise, deren Etappen, Begegnungen und Begebenheiten ein geheimnisvoller Sinn innewohnte, den es im Laufe der Reise zu ergründen und zu erfüllen galt. Alles war ein einziges Wunder, und wir hörten nicht auf, uns zu wundern und die Erscheinungen dieser Welt des Zaubers zu bestaunen und zu preisen. Wir priesen das Wasser für seine sprudelnde Klarheit, seine reinigende und Leben spendende Kraft. Wir priesen die Sonne für die Wärme, die sie uns spendete, für ihr Licht, für den Glanz ihrer Strahlen. Wir dankten der Erde für die Nahrung, die Kraft und die Lust, die sie uns schenkte, und dem Baum für Schatten und Schutz. Wenn unser Körper erkrankte, baten wir die Pflanzenwelt um Hilfe und Rat. Krankheit schien uns übrigens nicht einfach eine körperliche Störung, sondern auch eine Art Wesen zu sein (denn alles war für uns Wesen) – ein Dämon, ein Geist, der kranke Gedanken hegte. Wir hielten alles für lebendig, für beseelt und bewusst. Wir sprachen zu allem, und alles sprach zu uns. Unsere Welt war nicht frei von Schrecken und Gefahren, aber alles, was uns begegnete und sich in unserem Leben ereignete, schien Teil unserer eigenen Reise zu sein, schien Sinn und Bedeutung für uns zu haben. Und ganz selbstverständlich fühlten wir, dass wir mit jedem Wesen und jedem Teil der Natur verwandt waren. Selbst Kampf war ein Erlebnis von Intimität. Wir spürten den schweißgebadeten Körper unseres Gegners an unserem eigenen, erlebten seine Angst, seinen Zorn, seinen Triumph und ließen ihn unsere Wut, unsere Kraft, unsere Leidenschaft spüren.

Wir waren zu Hause in der Welt, und es war eine Welt der Intimität.

Es war eine heile, eine heilige Welt.

Alles in dieser Welt war »Du«.

Wir schliefen in Höhlen,
geborgen im Leib unserer Mutter, der Erde.
Wir sahen nicht, wie wir heute sehen.
Wir sahen durch die Gestalten hindurch,
sahen das Leben, das sie bewegte,
wie es uns bewegte.
Wir sahen dasselbe Leben, wenn der Körper zerfiel.
Wir kannten den Tod nicht.
Wir kannten nur das Leben.
Wir berührten heiligen Boden mit jedem Schritt.
Mit jedem Schritt spürten wir das Leben der Erde
unter unseren Füßen pulsieren.
Ich weiß noch, wie wir aßen.
Ihr heute stellt euch vor,
wir hätten gegessen wie Barbaren, wie Kannibalen,

weil wir weder Messer noch Gabel kannten,
noch einen Tisch, den wir hätten decken können.
Es ist wahr, all dies kannten wir nicht.
Aber unsere Nahrung war voller Leben,
ganz gleich, ob sie von Tieren oder Pflanzen stammte,
und wir heiligten und achteten ihr Leben
und dankten Tier und Pflanze für das Opfer,
das sie uns gebracht hatten.
Auch unser eigener Körper, das wussten wir,
würde einst anderen als Nahrung dienen.
Was unsere Fortpflanzung betraf,
so denkt ihr Heutigen, wir hätten kein Bewusstsein gehabt
für die Vorgänge, die zur Entstehung neuen Lebens führten
und keine Achtung vorm andern Geschlecht.
Aber die Lust war uns heilig,
und wir ehrten sie. Wir suchten sie weder,
noch hielten wir sie fest.
Wir feierten sie, wenn sie kam,
und ließen sie gehen, wenn sie ging.
Unsere Fruchtbarkeit erfüllte uns mit Ehrfurcht und Freude,
und unsere Kinder wuchsen in Freiheit auf,
als kleinere Brüder und Schwestern von allen.

Dieses Bewusstsein der Intimität war – und ist – jedoch nicht das Privileg »primitiver« Kulturen wie der oben beschriebenen (reine Fantasie oder Erinnerung?) oder der Naturvölker unserer Zeit. Es mag durchaus auch hoch entwickelte Kulturen gegeben haben – man spricht von einem »Goldenen Zeitalter« –, in denen das Bewusstsein der ursprünglichen Intimität immer noch vorherrschte. Kultur muss nicht zwangsläufig Entfremdung bedeuten.

Wir lebten in Häusern, die Palästen glichen,
nicht nur einige Reiche wie heute.
Arm und reich gab es nicht.
Jeder Mann und jede Frau
bewohnten ihren eigenen Palast,
gestaltet nach ihren eigenen Vorlieben,
ihrer eigenen Liebe zu Schönheit, Eleganz
und Licht.
Unsere Welt war voller Licht.
Die Mauern unserer Paläste waren durchsichtig,
gebaut aus einer Materie, die Kristallen und Edelsteinen glich.
Alles strahlte und funkelte und glänzte in dieser Welt,
nicht nur die Häuser,
auch die Menschen und ihre Gewänder.
Denn Gewänder trugen wir damals,
aus einem Stoff, wie es ihn heute nicht gibt.
Er war feiner als die Stoffe, die heute gewebt werden;
weniger aus Stoff, mehr aus Licht,
das in den herrlichsten Farben leuchtete.
Wir liebten die Schönheit, lebten die Schönheit.
Unsere Körper, unsere Nahrung,
unsere Häuser bestanden aus einer Materie,
die mehr Licht war als Stoff,
und dennoch gestaltet wie die Materie von heute.
In dieser Welt war jeder jedem ein Bruder
oder eine Schwester,
denn wir alle waren uns unserer gemeinsamen Abkunft
vom Licht bewusst.
Dies war der Adel des Menschengeschlechts.
Alles war edel. Keine andere Haltung war denkbar und möglich
als Achtung und Ehrfurcht voreinander.
Nichts anderes hätte gedeihen können in dieser Welt,

in der alles durchscheinend war,
in der ein jeder einem jeden
bis auf den Grund seiner Seele schauen konnte.
Die Umgebung, die wir uns schufen,
war reiner Ausdruck des Adels unserer Seele,
von einer Schönheit erfüllt, von einem Glanz,
den wir Heutigen nicht mehr kennen.
Und doch ist der Glanz der Erinnerung
noch immer in unseren Seelen verborgen.

Unsere Kultur kennt das Bewusstsein der Intimität nicht mehr. Unsere Wissenschaftler allerdings haben längst begonnen, den intimen Zusammenhang aller Erscheinungsformen (wieder)zuentdecken. Möglicherweise wird aus diesen wissenschaftlichen Entdeckungen und Spekulationen eines Tages ein neues Bewusstsein erwachsen, das nicht einer winzigen Elite von Intellektuellen und Mystikern vorbehalten bleibt, sondern Allgemeingut wird – ein neues Bewusstsein der Verbundenheit, aus dem heraus wir wieder zurückfinden in den seelischen Zustand der Intimität. Es wäre schön. Ich hoffe es. Auf jeden Fall finde ich es hilfreich, sich ein wenig mit den entsprechenden wissenschaftlichen Gedanken und Erkenntnissen zu befassen, wie es beispielsweise der Film »Bleep«[4] getan hat.

Unsere Naturwissenschaftler haben die Materie immer weiter in ihre Einzelbestandteile zerlegt, bis sie entdeckten, dass es eigentlich keine Materie gibt. Sie entdeckten, dass es in der Tiefe der Materie nichts gibt, was einem festen Baustein ähnelt, sondern eher etwas, was man als »Bewusstsein« und »Bedeutung« beschreiben kann. Sie haben wiederentdeckt, dass alles miteinander verwoben ist, dass das Universum ein lebendiges Ganzes ist, beseelt, belebt, strukturiert von einer unglaublichen Intelligenz und Kreativität. In keinem Augenblick sind wir allein, existieren unabhängig von einer »Welt dort draußen«. In jedem Moment sind wir Teil eines lebendigen Ganzen. In Wirklichkeit leben wir immer noch in der Zauberwelt, wir wissen es nur nicht. Wir nehmen es nicht wahr. Wir merken es nicht – außer in jenen seltenen Momenten, da wir für einen Augenblick aus der Scheinwelt unserer gedanklichen Beschäftigungen erwachen und in die wirkliche Welt eintauchen.

Erinnern Sie sich an einen Moment, da Sie etwas erlebt haben, das Sie tief berührt oder verzaubert hat, an einen für Sie heiligen Moment? Für einen winzigen und doch zeitlosen Augenblick waren Sie eingetaucht in eine glückdurchtränkte, andächtige oder ehrfürchtige Stille. Dies war ein Augenblick, in dem Ihr innerstes Wesen die Welt Ihres Bewusstseins betreten hat. Der Lärm der Gedanken war verstummt, und Ihre innere Realität, Ihre Seele trat hervor. Vielleicht wären Sie gern in diesem verzauberten Zustand geblieben, aber es zog Sie vermutlich sehr bald wieder an die Oberfläche, in den Alltagszustand.

Dies war ein Moment der Intimität.

Die Welt ist deshalb nicht mehr so heilig, wie sie einst war, weil wir das Bewusstsein der Intimität verloren haben. Deshalb fühlen wir uns nicht mehr in ihr zu Hause. Deshalb fürchten wir uns so sehr vor ihr, dass wir einen ungeheuren Aufwand treiben, um uns abzusichern, zu rüsten, zu wappnen und zu versichern.

Aber tief im Innern sehnen wir uns alle nach der heilen und heiligen Welt der Intimität. Auch die Zynischsten oder Coolsten unter uns können diese Sehnsucht in ihrem Herzen entdecken, beispielsweise in Augenblicken, da sie mit dem Tod oder mit der Liebe konfrontiert werden. Wir sehnen uns nach der heilen Welt, weil wir sie kennen, weil sie existiert, hinter dem Schleier jener Welt, die wir in unserem alltäglichen Bewusstseinszustand als Realität wahrzunehmen meinen. Die Welt *ist* heil. Die Welt *ist* heilig. Wir müssen sie nicht dazu machen. Wir müssen nur wiederentdecken, dass sie es ist. Und heimkehren in die Intimität.

In der Welt der Intimität fühlen wir, dass jeder Mensch und jedes Wesen der Natur, dem wir begegnen, mit uns verwandt ist und uns irgendwie bekannt vorkommt. Jede Begegnung ist so etwas wie ein Wiedererkennen. Wo immer wir hinkommen, fühlen wir uns zu Hause, auch wenn wir diese Gegend zum ersten Mal betreten. Und am Ende entdecken wir, dass die Welt, in der wir uns bewegen, eigentlich unser eigenes Reich ist, die Welt unserer eigenen Seele, die sich selbst erforscht und in der nichts fremd ist oder uns bedroht. Wir erkennen, dass unser ganzes Leben ein Abenteuer der Intimität mit unserer eigenen Seele ist. Und entdecken, dass wir uns in Wirklichkeit niemals vom Zuhause der Seele entfernt hatten.

Intimer Dialog mit höheren Welten

... Bis die Seele erkannte: »Ich selbst bin es ...
ich bin der Ursprung, ich bin der Reisende und
ich bin das Ziel dieser ganzen Existenz.«

Hazrat Inayat Khan: Die Seele – woher und wohin

Eben las ich einen Satz in einem meiner alten Lieblingsbücher und war für einen Augenblick tief berührt. Es ist der Satz, mit dem Seth sich in *Die Natur der persönlichen Realität* von seinem Medium Jane Roberts und den Lesern verabschiedet:[5] »Und es werden Jahrhunderte vergehen, bis das, was begonnen zu haben scheint, wirklich beginnt.« Während ich mich anschicke, die Verbindung zu höheren Ebenen meines Bewusstseins, zur Quelle meiner Intuition und Inspiration herzustellen – zu dem, was die Leser meiner frühen Bücher als »Die Jungs« kennen[6] –, um zu erfahren, was Intimität aus der Perspektive der höheren geistigen Welten bedeutet, geht mir Seths Satz im Kopf herum, der mich auf unerklärliche Weise so berührt hat.

Dialog mit einer höheren Ebene des Bewusstseins

Du hast eben diesen Satz von Seth gelesen, der dich so aufgewühlt hat. Weißt du, was genau dich an diesem Satz so stark berührt hat?

Eine Verbindung zu spüren durch den Nebel von Raum und Zeit hindurch zu einem anderen Wesen ... über die Jahrhunderte hinweg zu existieren, einander zu berühren ...

Es war die Intimität, die für einen Augenblick aufblitzte.

Ja. Stimmt. Genau diese Intimität hätte ich gern auch mit den Lesern dieses Buches. Aber ich weiß nicht, wie ich sie herstellen kann.

Du kannst sie nicht herstellen. Du kannst sie nur fördern. Indem du dir deine Ideale vergegenwärtigst, nicht als abstrakte Werte, sondern als etwas Lebendiges, das durch dich leben und sich anderen Menschen mitteilen will.

Welche Ideale meint ihr? Ich habe ziemlich viele ...

Intimität. Hier geht es um Intimität.

Intimität ist also auch ein Ideal – mein Ideal?

Ganz offensichtlich. Würdest du sonst das Buch schreiben?

Okay. Verstehe. Und Intimität als Ideal ist also mehr als eine Idee. Es ist etwas Lebendiges und möchte durch mich gelebt und ausgedrückt und vermittelt werden, nicht wahr?

So ist es.

Dann müsste ich also Liebe zur Intimität haben wie zu einem Wesen …
Sie ist ein Wesen insofern, als sie eine archetypische Qualität und somit eine Facette des göttlichen Wesens ist …

Ja. Meditiere darüber.

Ich meditiere. Mir geht auf:

Der Grund der Intimität ist die Einheit.
Dass alle Wesen und Dinge derselben Quelle entstammen;
dass letztlich hinter allen Wesen ein und dasselbe Wesen steckt;
dass dieses eine Wesen alles in sich beschließt
und alles aus sich herausbringt:
Das ist der Grund der Intimität.
Welche andere Beziehung könnte zwischen den verschiedenen Formen herrschen, in denen sich das Eine Wesen ausdrückt?
Selbst wenn wir hassen, sind wir uns dieser tiefen Intimität bewusst.

Jetzt sehe ich, dass Intimität kein Ideal, sondern ein Grundzustand der Realität ist.

Alle Ideale sind Grundzustände der Realität.
Sie zu verwirklichen bedeutet, ihnen in dir spezifische Gestalt zu verleihen.

Und weil Intimität ein Grundzustand der Realität ist, ist jede Begegnung letztlich eine Art Wiedererkennen, wie O'Donohue schreibt … »Die Liebe öffnet die Pforte eines zeitlosen Wiedererkennens. Wir treten ein, und endlich kehren wir jeder im anderen heim.«[7]

Und es geht noch weiter … Wenn Intimität unser Grundzustand ist, dann ist unsere Erkenntnis – der Vorgang geistiger Erkenntnis – nicht einfach eine abstrakte Sache, die sich in einem Feld von Ideen bewegt, sondern das, was wir erkennen, ist immer etwas Lebendiges … Wir erkennen Teile der Wirklichkeit, doch diese Teile der Wirklichkeit sind Teile eines lebendigen Wesens … letztlich unserer selbst. Da muss ich wieder an O'Donohue denken beziehungsweise an Aristoteles,[8] den er wie folgt zitiert: »Wahrnehmung ist eine Form der Rührung und des Bewegtwerdens, und dasselbe gilt für das Denken und das Erkennen.«

Jetzt hast du verstanden.

Wir gehen alle unserer Quelle entgegen … nicht nur aus ihr hervor. Alle Wesen bewegen sich zugleich von der gemeinsamen Quelle fort und auf sie zu. Jede unserer Lebensreisen ist ein Ausgang und eine Heimkehr zugleich. Wir gehen aus der Einheit hervor in all der Vielfalt, die uns voneinander unterscheidet und den Reichtum der Schöpfung ausmacht … und wir kehren in sie zurück, bereichert durch unser eigenes Sein, durch die Entdeckungen, die wir auf unserer Reise gemacht, die Schätze, die wir während unseres Abenteuers gehoben und ans Licht gebracht haben … Wie eine Frau von einer Shopping-Tour zurückkehrt, die Wangen freudig gerötet, die Hände voller Tüten, die wunderbare neue Gegenstände bergen … nur dass die Schätze, die wir heimbringen, aus unserem eigenen Innern stammen. Wir, die verschiedenen Teile des Einen, helfen einander durch unsere Begegnung, unser Sosein, unsere Verschiedenheit oder Ähnlichkeit, die kostbaren Schätze zu Tage zu fördern, die in unserem

Wesen schlummern, und auf diese Weise erwecken und bereichern wir uns gegenseitig. Dies gilt für alle Beziehungen, ob wir sie nun als angenehm oder eher unerfreulich betrachten. Der »Heilige« begegnet dem einen Du auch im Feind. Er sieht überall das Du, ganz gleich, ob ein Mensch durch sein Verhalten Zuneigung oder Abneigung in ihm weckt. Es ist nicht eigentlich als Verdienst zu betrachten, »heilig« zu sein. Es bedeutet einfach, die Realität entdeckt zu haben, die uns alle verbindet, unser fundamentales Eins-Sein, die »Ur-Intimität«. Lebst du in dieser Ur-Intimität, so bist du in den Augen der Welt vielleicht ein sonderbarer Held, der allerlei Opfer vollbringt und ein unbequemes Leben führt; aber in deinen eigenen Augen gibt es kein größeres Glück, und jeder Augenblick schenkt dir Erfüllung.

Gut. Das hast du schön gesagt … Lass uns nun etwas diktieren.

Nur zu gern.

Intimität sorgt dafür, dass die ursprüngliche Einheit nicht in Vergessenheit gerät, dass sie immer wieder aufblitzt oder aufschimmert, oft in Augenblicken, in denen man es am wenigsten erwartet. Intimität wird als Gefühl betrachtet, aber in Wirklichkeit ist sie ein Ur- und Grundzustand der Realität. Alles ist Teil eines einzigen Wesens: die Katze und die Maus, Opfer und Täter, Mücke und Mensch, Sonne und Blume. Anders gesagt: In jedem Wesen wird das eine Wesen zum Wesen. Es gibt nicht einfach eine namen- und gesichtslose Einheit, die sich hinter jeder Erscheinung verbirgt, sondern in jedem Wesen wird das eine Wesen zum Wesen. Jedes Wesen birgt in sich einen Keim von Individualität. Diese kommt in Menschen mehr zur Entfaltung als in der Mücke und in einem Menschen mehr

als in einem anderen, ist jedoch in allen Wesen vorhanden. Die Sehnsucht nach Intimität entspringt einer Erinnerung an diesen Grundzustand des Einsseins, wie übrigens jede Sehnsucht der Erinnerung an einen Grundzustand entspringt. Ihr seid nicht aus der Einheit – oder welchem Grundzustand auch immer – herausgefallen, wie manche behaupten. Es handelt sich keineswegs um einen Sündenfall. Es handelt sich um eine schöpferische Reise, auf der ihr all die in der ursprünglichen Einheit beschlossenen Möglichkeiten entdeckt. Ihr entdeckt sie, indem ihr sie verwirklicht.
Nun, dies ist vielen bereits bekannt.
Was euch vielleicht nicht bekannt ist, ist, dass die ursprüngliche Intimität immer weiter vorhanden ist, ganz gleich, wohin ihr geht, in welchem Bewusstseinszustand ihr euch befindet und was ihr gerade tut. Selbst wenn ihr Teufelsmessen haltet, Gott verflucht oder für nicht existent erklärt, selbst wenn ihr euren Bruder oder eure Schwester beraubt, verletzt, ermordet, die ursprüngliche Intimität ist und bleibt immer vorhanden, wie in Safis wunderschönem Gedicht zu Beginn dieses Buches ausgedrückt. Sie geht niemals verloren. Sie kann nicht verloren gehen. Ihr könnt sie allerdings vergessen und aus diesem Vergessen heraus viel Schmerz erleiden und zufügen. Aber versteht recht: Es ist das eine Wesen selber, das mit sich spielt. Es gibt kein zweites.
Wenn euch dieser Brocken zu hart ist, dann stellt euch wenigstens vor, dass wir alle Teil oder Kinder eines Wesens sind, vom selben Ursprung, wenn auch nicht dasselbe. Vielleicht hilft euch das zu verstehen, welch enge Beziehung zwischen uns allen besteht.
Das Entzücken der Intimität besteht darin, in sich selber geborgen zu sein. Sich selber wiederzuerkennen in jeder Begegnung. Nicht als ein anderes, sondern umgekehrt: im

anderen sich selber wiederzuerkennen, nicht nur als Idee, sondern als Gefühl. Wenn es eine Idee ist, schafft es Spaltung. Nur als Gefühl ist es ein echtes Wiedererkennen.
Intimität bedeutet Geborgenheit, Geborgenheit aus dem Gefühl heraus, überall zu Hause zu sein.

Was mich und ganz sicher auch unsere Leser brennend interessiert, ist: Wie kommen wir denn nach Hause in die Intimität? Diese Worte zu verstehen ist ja schön und gut … Aber es bringt mich nicht in die Intimität hinein.

Für einen Augenblick war sie aber vorhanden, nicht wahr? Im Augenblick der Erkenntnis.

Stimmt. Der Augenblick der Erkenntnis *ist* ein Augenblick der Intimität!

So ist es.
Der gemeinsame Ursprung liegt nicht in der Zeit. Nicht irgendwo in der Vergangenheit, jenseits des Urknalls. Der gemeinsame Ursprung ist jenseits von Zeit, immer vorhanden. Es ist ein Bewusstseinszustand. Und eure Lebensreise findet in Wirklichkeit nicht als eine Reise aus einer in der Vergangenheit liegenden Einheit hin zu einer in der Zukunft liegenden Einheit statt. Es ist eher ein fortlaufender Prozess der Selbsterkenntnis, wobei Erkenntnis zugleich Verwirklichung ist, wie in dem englischen oder französischen Wort »Realisation«. Dieser Prozess geschieht fortlaufend und doch nicht wirklich in der Zeit. Von eurem Bewusstseinszustand betrachtet ist es jedoch ein zeitlicher Ablauf.
Das heißt, dass alle Ereignisse eures Lebens in einer ebenso intimen Verbindung miteinander stehen wie alle Wesen. Auch »Zeit« ist Intimität. Ein vergangenes Ereignis befruchtet ein

zukünftiges und umgekehrt. Die Gegenwart bezieht ihre Inspiration sowohl aus der Vergangenheit als auch aus der Zukunft.
Gegenwart ist in Wirklichkeit Begegnung. Der Augenblick der Begegnung: wo du – das heißt, der Fokus des einen Bewusstseins, der dir als »Ich« erscheint – etwas anderem (einer Person, einem Ereignis, einer Sache, einem anderen Fokus des einen Bewusstseins) begegnest, ist Gegenwart, ist Jetzt.
Weißt du eigentlich, in welchem Ausmaß Begegnung zugleich Berührung ist? Weißt du, dass jeder deiner Blicke das, worauf er sich richtet, berührt und von ihm berührt wird? Weißt du, dass du mit jedem deiner Gedanken etwas oder jemanden berührst? Weißt du, dass dein Atem Berührung ist? Wo immer du gehst, berührst du einen Teil des göttlichen Wesens und wirst von ihm berührt.
In dieser Wirklichkeit zu leben, bedeutet Intimität.
Diese Gegenwart für einen Augenblick zu streifen, rührt dich gelegentlich zu Tränen. Aber weißt du auch, wie sehr das göttliche Wesen von dir berührt wird?
Das zu spüren bedeutet Intimität.
Du leidest und erfreust dich an den Gefühlen, die dein Geliebter in dir auslöst. Aber weißt du auch, in welchem Ausmaß dein eigenes Wesen ihn berührt?
Das zu erleben bedeutet Intimität.
Jeder deiner Träume ist ein Heimkehren in die Intimität mit der Welt deiner Seele. Die Welt deiner Seele ist gewaltig und reichhaltig, unüberschaubar für deinen Verstand. In deinen Träumen befreit sich die Seele von der Einengung durch den Verstand und durchstreift sich selbst. Erinnerungen an Vergangenheit und Zukunft blitzen auf. Mögliche Ereignisse werden durchlebt, Sehnsüchte realisiert, Ängste in Szene

gesetzt. Andere Welten, andere Schichten deines Wesens, andere Realitäten werden durchstreift. Die Ernte deiner nächtlichen Abenteuer ergießt sich in die Inspirationen des Tages.

Das zu fühlen ist Intimität.

Bewusstseinswandel am Rand des Abgrunds

Falls unsere Realität ein riesiger Organismus ist, wie es die »neue Physik« nahelegt, dann versucht diese Realität sich in genau diesem Augenblick zu heilen.

William Arntz, Betsy Chasse, Mark Vicente: Bleep

Wir leben am Rande eines Abgrundes, und das wird uns allmählich allen bewusst. Ob es sich bei diesem Abgrund um die drohende Klimakatastrophe handelt oder um die sich verschärfende Trinkwasserknappheit, einen Atomkrieg oder noch mehr Hunger in der Welt, noch mehr Orkane und Tsunamis – das Bewusstsein dafür, dass sich etwas ändern muss, ist vorhanden. Viele meinen, in allererster Linie müsse sich das Bewusstsein ändern, weil sich aus einem veränderten Bewusstsein heraus logischerweise auch ein anderes Handeln ergeben würde.

Und in der Tat findet ein Bewusstseinswandel statt, wenn auch langsamer, als viele es sich wünschen. Seltsamerweise versetzen uns genau die Katastrophen, die uns heute drohen, in das Bewusstsein der Verbundenheit zurück. Sie zwingen uns geradezu wahrzunehmen, dass und wie sehr wir mit einander und mit allem verbunden sind. In der Luft kann man keine Grenzen setzen. Die Klimaveränderung betrifft uns alle und wird von uns allen ausgelöst. Bei den Kriegen, die heute geführt werden, handelt es sich längst nicht mehr um Auseinandersetzungen zwischen zwei oder drei Völkern, sondern um Aktionen, die mehr oder weniger die ganze Welt in Mitleidenschaft ziehen und an denen auch fast die ganze Welt beteiligt ist. Wir können nicht umhin zu erkennen, dass die Tatsache, dass irgendwo Menschen hungern, etwas damit zu tun hat, dass wir in den westlichen Industrienationen an Überfütterung zugrunde gehen. Wir können nicht umhin zu erkennen, dass die Umwelt nicht etwas außerhalb von uns ist, sondern etwas, das in einer existenziellen Wechselbeziehung mit uns selber steht.

Langsam, ganz langsam beginnen wir die Zusammenhänge zu erkennen, aber das Gefühl der Verbundenheit ist noch lange nicht da. Dazu bedarf es des gemeinsamen Erlebens größerer Katastrophen – oder eines Erwachens am Rande des Abgrunds.

Kommentar von einer höheren Ebene des Bewusstseins

Die Katastrophen und das Erwachen hängen zusammen. Es ist im kollektiven Leben ebenso wie im persönlichen Leben. Dir geschieht etwas Schlimmes, und plötzlich wachst du auf und erkennst Zusammenhänge, die du vorher nicht gesehen hast. Diese Erkenntnis wandelt dich. Bist du über die Katastrophe hinweggekommen, bist du ein anderer Mensch als zuvor. Jedenfalls wenn du sie als Herausforderung und Wachstumschance nutzt und dich nicht einfach als Opfer siehst, dich verschließt und verbittert zurückbleibst. Ob du etwas als Herausforderung oder als Unrecht betrachtest, hängt übrigens davon ab, ob du dir der grundsätzlichen Intimität zwischen »deinem Leben« und »dir« bewusst bist oder nicht. Aber das ist ein anderes Thema.

Es ist nicht so, dass eine höhere Instanz Katastrophen über die Menschheit verhängt und sie damit zwingt zu erwachen. Es ist eher so, dass ein Erwachen – ein Bewusstseinssprung – sich anbahnt, und je mehr das neue Bewusstsein entsteht und sich verdichtet, desto größer wird der Gegendruck des alten Bewusstseins (sprich die Angst vor dem Neuen). In dieser Spannung geschehen Katastrophen, gleichsam als Gipfel der Spannung und zugleich als Entladung, ähnlich wie ein Gewitter. Der Schmerz, der durch die Katastrophe ausgelöst wird, mag groß sein, aber er ist heilsam. Er vertieft, öffnet und wandelt.[9]

Natürlich möchten wir alle die Katastrophe vermeiden und wünschen uns daher, ohne Katastrophe zu erwachen. Meines Erachtens geht es bei dem anstehenden Bewusstseinswandel um das Wiederentdecken der engen Wechselbeziehung zwischen allem, was ist, oder anders ausgedrückt: um das Wiederentdecken der Intimität, die uns miteinander und mit der Welt verbindet.

Vor nicht allzu langer Zeit haben wir den Gipfel dessen erlebt, was Menschen, die aus dem Seelenzustand der Intimität gefallen sind, einander antun können: ungeheuerliche Grausamkeiten und Demütigungen, mit einer nie da gewesenen kalten Systematik verübt. Wie schaffe ich es, eine Vorrichtung zu konstruieren, mit der ich pro Tag so viele Menschen wie irgend möglich vernichten und ihre Körper dann auf möglichst aufwandsarme Art entsorgen kann? Wie weit kann ich gehen in der Demütigung eines Menschen? Wie weit kann ich die Arbeitskraft eines Menschen bei einem Minimum von Nahrung ausbeuten? An welchem Punkt bricht er zusammen? Und umgekehrt: Wie viel Erniedrigung, Qual, Folter, Hunger, Todesangst, Ohnmacht kann ich ertragen? Dies waren Themen, die Menschen in den Vernichtungslagern des Dritten Reiches durchlebten und durchlitten. Als wir nach Kriegsende davon erfuhren, dachten wir, dies sei der Höhepunkt jenes Schreckens gewesen, der daraus entsteht, dass an die Stelle der heiligen Ich-Du-Beziehung[10] die seelenlose Welt des Ich-Es getreten ist – eine Welt, in der der andere kein Du mehr ist, mit dem ich in Beziehung trete, sondern ein Er oder ein Sie, ein Objekt.

Heute stehen wir vor einer anderen Katastrophe unvorstellbaren Ausmaßes, einer Katastrophe, welche die Lebensgrundlage der Menschheit und unzähliger Tiere und Pflanzen zu vernichten droht. Auch diese Katastrophe wird herbeigeführt durch denselben unseligen Verlust der Ich-Du-Beziehung, diesmal nicht nur zwischen Mensch und Mensch, sondern auch zwischen Mensch und Erde, Mensch und Wasser, Mensch und Luft. Wir verpesten Luft, Wasser und Erde, erhitzen unsere Atmosphäre, als sei all dies ein seelenloses Etwas, mit dem man nach Belieben umgehen könne. Es ist unserem Bewusstsein entfallen, dass eben diese Elemente, die wir da gerade vergiften, Teil unserer selbst sind, ja, dass wir aus ihnen zusammengesetzt sind. Unser Körper besteht und ernährt sich aus der Erde, dem Wasser und der Luft, eben jenen Elementen, die wir vergiften.

Angesichts der drohenden Klimakatastrophe sind wir alle ein wenig mehr aufgewacht. Wir merken, dass etwas geschehen muss. Aber was?

Üblicherweise denkt man, wir hätten die Wahl zwischen zwei Möglichkeiten. Die eine: sofort alles drastisch reduzieren, was die Atmosphäre aufheizt, vor allem Mobilfunk,[11] Rinderzucht und Reisanbau im Wasser[12] sowie die allseits bekannten Faktoren (Abgase von Fabriken, Heizungen, Autos etc.). Die zweite: weitermachen und darauf vertrauen, dass findige Wissenschaftler schon eine Lösung finden werden. In beiden Fällen versuchen wir, das Problem auf der Ebene zu lösen, auf der es besteht. Es ist jedoch eine altbekannte Tatsache, dass dies nicht funktioniert. Wenn man ein Problem lösen will, muss man sich auf eine andere Ebene begeben – auf die Ebene, auf der es erzeugt wird.

Letztlich wird das Problem nicht durch die Gewissenlosigkeit einiger weniger erzeugt und auch nicht dadurch, dass wir zu viel heizen, zu viel Auto fahren, zu viele Handys haben oder zu viel Fleisch oder Reis essen, sondern vielmehr durch das Verhältnis, das wir ganz grundsätzlich zu unserer Welt haben. Wenn sich diese grundsätzliche Haltung nicht verändert, werden wir immer neue und wahrscheinlich verheerendere Symptome kreieren, ganz unabhängig davon, welche Lösungen wir für die aktuellen Probleme finden. Umweltvergiftung, Atomkatastrophen, Klimaerwärmung oder Krieg – all diese von Menschen geschaffenen Katastrophen sind Auswirkungen unserer grundsätzlichen Sichtweise. Sie ist Unheil, und sie erzeugt Unheil.

Ganz offensichtlich bedürfen wir und bedarf unsere Welt ganz dringend der Heilung. »Heil« bedeutet ganz. Wenn einem Kind das Spielzeug kaputtgegangen ist, sagt Papi: »Ich mache es wieder ganz.« Unsere Welt und uns selbst aber können wir nicht heilen oder wieder ganz machen. Vielmehr müssen wir erkennen, dass sie ganz ist. Die Welt *ist ein Zusammenhängendes, lebendiges Ganzes. Sie ist heil.* Wir haben nur das Bewusstsein dafür verloren. Unheil erscheint sie uns nur aufgrund unserer trennenden Wahrnehmung. Und wir sind auch weder aus dieser Ganzheit noch aus der Natur herausgefallen, weil das überhaupt nicht geht. Wir sind Teil, Ausdruck und Schöpfung der Natur, mitsamt unserem Forscherdrang, unserer Freude am Entdecken, Verändern, Gestalten und Erobern, mitsamt unserer Kreativität, mitsamt allen Phasen der persönlichen und kollektiven Entwicklung, die wir durchlaufen. Wir sind Teil eines lebendigen Ganzen, das sich in uns und als wir entdeckt und das durch uns seine Möglichkeiten erforscht und realisiert. Dies wiederzuentdecken – nicht nur theoretisch, sondern so, dass aus dem Gedanken ein reales Erleben wird – bedeutet heimzukehren in die Welt der Intimität, aus der wir in Wirklichkeit niemals herausgefallen sind.

Dann wissen wir wieder, dass unser Planet nicht nur ein rundes Ding ist, sondern auch ein Wesen, das wir als Du ansprechen können, ebenso wie die Luft, das Wasser, die Pflanzen, die Bäume und die Tiere. Dann wissen wir wieder, dass jeder andere Mensch auf diesem Planeten nicht einfach Gegenstand unserer Zuneigung oder Abneigung, unserer Begierde, unserer Beurteilung, Ablehnung oder Gleichgültigkeit ist, sondern ein Ich wie wir selber, das uns im Moment der Begegnung als Du gegenübersteht und mit uns in Beziehung tritt. In der Welt der Intimität gibt es »Ich und Du« statt »Ich und Er/Sie/Es«, Beziehung statt Beurteilung, Begegnung und Wiedererkennen statt Fremdheit und Gleichgültigkeit.

Es ist wichtig zu verstehen, dass dieses wieder oder vielmehr Neuentdecken der Intimität weitaus mehr ist als eine nostalgische Träumerei, mehr als Heimweh nach der viel belächelten »heilen Welt«, die es vielleicht nie gegeben hat. Indem wir die Sichtweise der Verbundenheit, der Intimität pflegen, setzen wir die Erkenntnisse der modernen Naturwissenschaften in tatsächliches Erleben um. Die Art, wie wir uns und unsere Welt betrachten, eben diese Art, mit der wir unaufhörlich auf die Zerstörung unserer selbst und unserer Welt zusteuern, basiert nämlich auf einem wissenschaftlichen Weltbild von vorgestern. Es ist jedoch ein langer Weg von der Erkenntnis einiger weniger Spitzenwissenschaftler bis zur Realisation dieser Erkenntnis im allgemeinen Denken, Fühlen und Handeln.

Es genügt nicht, das Verbundensein von allem mit allem gedanklich zu verstehen. Es reicht auch nicht aus, darüber zu reden. Und ebenso wenig genügt es, es in einem Augenblick der Erleuchtung zu erkennen und zu erleben. Es geht vielmehr darum, es zu realisieren. Wie fangen wir das an?

Wie immer müssen wir bei uns selbst anfangen und als Erstes die Intimität mit uns selber wiederentdecken.

Intimität mit sich selber

*Jeder von euch hat seine eigene Reise zu machen –
und muss den Gezeiten, der Ebbe und Flut,
seines eigenen Wesens folgen.*

Seth in Jane Roberts: Die Natur der persönlichen Realität

Die Intimität mit sich selber ist die Voraussetzung für jede andere Art von Intimität. Sie versetzt uns zudem in ein inneres Glücksempfinden und lässt uns spüren, dass wir nicht allein sind – selbst wenn niemand anders in der Nähe ist.

»Intimität mit sich selber« klingt vermutlich ein wenig seltsam – so, als gäbe es zwei verschiedene Ichs, die da miteinander intim sein können. Tatsächlich handelt es sich um den Kontakt zwischen verschiedenen Ebenen unseres Wesens. Wenn unser innerstes Wesen mit unserem Oberflächen-Ich in Berührung tritt, entsteht diese Intimität innerhalb unserer selbst. Ohne sie sind wir ständig bedürftig, stets auf der Suche nach etwas, was wir außerhalb von uns zu finden hoffen, dessen Quelle jedoch im eigenen Innern fließt.

Kommentar von einer höheren Ebene des Bewusstseins

Die Intimität mit dir selber ist der Kern des Glücks. Ohne die Intimität mit dir selber gibt es kein Glückserleben, weil überhaupt kein Erleben. Ein wenig Plätschern an der Oberfläche, aber kein inneres Erleben. Und welches Glück, wenn du die Intimität mit dir selber wiedergefunden hast! Merkst du, dass es das ist, was du schon immer gesucht hast? Spürst du, dass all der Reichtum der Intimität mit was oder wem auch immer bereits in dieser Intimität mit dir selber enthalten ist?
Solange du diese Intimität mit dir selber nicht (wieder-) entdeckt hast, fehlt dir ständig etwas. Du besitzt alles Mögliche … Aber immer noch fehlt etwas zu deinem Glück. Womit du auch deinen Besitz oder deine Beziehungen zu bereichern, zu vervollständigen, zu verbessern suchst, stets fehlt noch etwas. Was dir fehlt, bist du selber. Wie alle in dieser Gesellschaft leidest du an konstantem »Ich-Mangel«. Zwar dreht sich euer Denken ständig um dieses »Ich« (auch wenn du an andere Menschen denkst oder an Angelegenheiten, die dich nicht zu betreffen scheinen – wenn du tiefer schaust, geht es doch immer um dich!), und doch habt ihr keine Beziehung dazu. Ihr habt die intime Beziehung zu euch selber verloren und damit jenes stille Glück, das jene besitzen, die noch in der Intimität mit sich selber geborgen sind.
Du kannst sie wiederfinden. Es ist leicht. Tu einen tiefen Atemzug und wende dich dir selber zu. Am besten jetzt, sofort, für einen Augenblick oder auch zwei. Tu einen tiefen Atemzug und wechsle die Perspektive. Nimm dich selber wahr.

Ich tue einen tiefen Atemzug.

Ich schließe meine Augen.

Ich spüre meinen Körper.

Ich fühle mein Herz.

In meinem Herzen stoße ich auf etwas, das sich sehnt. Ich habe den Eindruck: Das bin ich. Dieses Sehnende scheint mir zutiefst »Ich« zu sein. Ich fühle diese Sehnsucht.

Ich erforsche ihren Inhalt.

Erst einmal scheint es Sehnsucht an sich zu sein.

Dann taucht eine Sehnsucht nach etwas Bestimmtem auf, nach Heilung zum Beispiel und nach allem Möglichen.

Immer tiefer taste ich mich voran in mein Herz.

Ganz im Innern mache ich eine merkwürdige Entdeckung. Ich stoße auf eine Sehnsucht nach meiner eigenen Wanderung. Sie fühlt sich an wie die eigentliche, die Kern-Sehnsucht. Nach meiner eigenen Wanderung … meiner eigenen Reise … nach mir selbst!

Was für eine seltsame Entdeckung. Die Sehnsucht nach mir selbst.

Es gibt etwas Geheimes und Geheimnisvolles,
unerforschbar
und doch vertrauter als das Vertrauteste.
Ich könnte Namen dafür finden.
Das Reich meiner Seele könnte ich es nennen
oder meine innere Welt,
aber diese Namen könnten es nicht bezeichnen.
Manchmal, für einen winzigen Augenblick,
erkenne ich es wieder,
in einem Schatten auf einer alten Steinmauer,
einem Paar Augen,
einem Vogelgesang.

Da ist es, das Meine –
das, was ganz mein ist
auf geheimnisvolle Art.
Fragmente der Erinnerung an meine Reise blitzen auf,
meine Wanderung, die ganz mein ist, ganz ich
und auf der ich doch in keinem einzigen Augenblick einsam bin.
Denn alles auf dieser Wanderung ist ich
– wie Worte doch alles verfälschen! –
oder trägt jedenfalls die Prägung dessen, was mir und nur mir vertraut und eigen ist.
In solchen Momenten bin ich ganz
und gesättigt vom Zauber meiner eigenen Wanderung,
meines eigenen Geheimnisses,
das unerforschlich scheint und doch vertrauter
als das Vertrauteste.

Kommentar von einer höheren Ebene des Bewusstseins

Unter dem Oberflächen-Ich, das du im Spiegel siehst, findest du ein ganz anderes Ich. Hinter all deinen Schmerzen, Ärgernissen, Wünschen und Freuden findest du ein geheimnisvolles, tieferes Ich. Der Maske der Persönlichkeit entledigt, von den alltäglichen Beschäftigungen befreit, ist dies ein Ich voller Sehnsucht, voller Schönheit, ein Ich von unergründlicher Tiefe, ein glanzvolles Ich, sich selber ein Geheimnis, voller Sehnsucht danach, den Schatz zu heben, der in ihm verborgen ist. Das bist du. Das ist das »Selbst«. Und dieses Selbst ist göttlich.

Wenn das Oberflächen-Ich mit diesem tieferen Selbst in Berührung kommt, entsteht Intimität. Von einem Oberflächen-Ich zu einem anderen kann es keine Intimität geben, da das Oberflächen-Ich sich als getrennt von anderen Ichs empfindet. An der Oberfläche sind Ich und Du getrennte Realitäten. In deinem inneren Selbst jedoch lebst du in einer Welt, in der es keine Trennung gibt. An der Oberfläche erscheinen die Dinge und Wesen getrennt. In der Tiefe sind sie verbunden und ganz in der Tiefe eins.

Zur Veranschaulichung dieser Tatsache erwähnte Pir Vilayat Khan oft das Bild eines Teichs mit Lotosblüten. Betrachtet man den Teich von oben, scheinen es lauter einzelne Blumen zu sein. Taucht man jedoch unter die Oberfläche, entdeckt man ein Wurzelgeflecht, das sie alle verbindet. An der Oberfläche erscheinen sie getrennt, in der Tiefe sind sie eins.

Glück entsteht immer dann, wenn das Tiefenwesen sich selbst begegnet, sprich sich seiner selbst bewusst wird. Könnten die Teile der Pflanze, die sich oberhalb der Wasseroberfläche befinden, einander wahrnehmen, nur von Blüte zu Blüte, von Oberflächen-Erscheinung zu Oberflächen-Erscheinung, würden sie vielleicht Bewunderung empfinden angesichts der Schönheit der anderen Blüte. Wäre ihre Bewusstheit mehr in den Wurzelfasern unter der Wasseroberfläche angesiedelt als oberhalb, würden sie eher ihre Verbundenheit fühlen, als ihre Getrenntheit wahrzunehmen. Der Augenblick jedoch, in dem eine Blüte die andere anschaut und gleichzeitig die unterschwellige Verbundenheit und den gemeinsamen Ursprung fühlt, ist ein Augenblick des Glücks, ein Moment der Intimität.

Intimität bedeutet zu spüren, dass es eine lebendige Verbindung gibt zwischen mir und allem – der Luft, die ich atme, dem Wasser, mit dem ich dusche, der Sonne, in deren Strahlen ich bade, den Menschen, über die ich in der Zeitung lese, ja sogar dem Holz des Tisches, an dem ich esse. Intimität bedeutet zu spüren, dass all dies Teil meines Wesens ist, auch wenn mein Verstand es nicht begreift. Dass jeder Augenblick meines Lebens genau so, wie er ist, zu meiner magischen Reise gehört, zur Reise meiner Seele durch ihre inneren Landschaften zu sich selbst, zur vollen Entdeckung und Verwirklichung all ihrer Möglichkeiten, Eigenschaften und Fähigkeiten. Du klagst, dass du nicht Herr bist in deinem eigenen Leben, aber ich kann dir versichern, dass du dich in jedem Augenblick deiner Wanderung in deinem eigenen Reich befindest, auch in den schweren Momenten und in denen, die dir langweilig erscheinen, bedrohlich oder unangenehm.

Du leidest nicht an den Umständen, sondern an deiner eigenen Bewusstlosigkeit, an deinem Vergessen deiner selbst, an deinem »Ich-Mangel«.

Finde dich wieder. Tritt ein in den Zustand der Intimität, und du findest den Sinn in allem, und alles schwingt in deinem ureigenen Rhythmus, der dich glücklich macht, weil du ihn wiedererkennst als die Frequenz deines eigenen Wesens.

Die Reise deines Lebens ist deine eigene Reise. Sie ist ein einzigartiges Abenteuer, das du mit niemandem teilst als mit dir selber, mit deiner eigenen Seele. Du hast den Sinn dieser Reise vergessen. Du hast vergessen, dass du dich überhaupt auf einer Reise befindest. Du glaubst, du befändest dich in einer Welt und hättest Zeit, dich in ihr niederzulassen – in einer Welt, die sich außerhalb von dir selber befindet und aus Wesen besteht, die größtenteils nichts mit dir zu tun haben.

Erinnerst du dich an einen Traum, den du als ganz besonderes und eindrückliches Erlebnis empfunden hast? Einen schönen und mysteriösen Traum, der ganz offenbar eine wichtige Botschaft für dich enthielt? Erinnerst du dich an das Gefühl von Intimität, das du hattest, als dieser Traum noch frisch in deinem Gedächtnis war? Das Gefühl, ein kostbares Geheimnis zu haben, das du mit dir selber teilst – mit einem ganz tief inneren, vertrauten Teil deiner selbst, den du im Alltag aus den Augen verloren hattest? Ein solcher Traum ist dein Leben.

Ein Erlebnis der Intimität mit dir selber.

Jedes Ereignis in deinem Leben ist von Bedeutung für dich, ebenso wie jedes Ereignis in einem solchen Traum.

Jeder Mensch, dem du begegnest, ist Teil von dir, ebenso wie jede Figur deines Traums.

Jede Landschaft, die du in deinem Leben kennenlernst, ist eine Landschaft deiner eigenen Seele, jede Jahreszeit, jedes Wetter eine Stimmung deiner eigenen Seele.

Intimität ist das Geheimnis des Glücks.

Erinnerst du dich an glückliche Momente mit deinen Geliebten? Welche Augenblicke der Gemeinsamkeit enthalten ein tieferes, berührenderes Glück als die Momente größter Intimität mit ihnen?

Erinnerst du dich an Momente, in denen der Zauber oder die Stille der Natur dich berührte?

Dies waren Momente der Intimität mit den Wesen der Natur.

Erinnerst du dich an Momente, die du als besonders heilig empfandest? Was ist eine Kommunion anderes als ein Moment der Intimität?

Finde die Intimität mit dir selber, und du findest das Glück und den Sinn deines Lebens.

Praktische Anregungen zu diesem Kapitel

- Meditieren Sie! Machen Sie sich frei von den alltäglichen Gedanken.
- Schreiben Sie Tagebuch.
- Gehen Sie spazieren.
- Verabreden Sie ein Rendezvous mit sich selbst, das Sie dann auch einhalten und liebevoll gestalten.
- Laden Sie Ihre Seele ein, sich auszudrücken, und zwar in einer künstlerischen Form, die Ihnen gefällt: schreiben, malen, singen, tanzen, gestalten …
- Erinnern Sie sich an Situationen, in denen Sie ganz in der Intimität mit sich selber waren, und lassen Sie das Gefühl wiederaufleben, das Sie dabei hatten. Nehmen Sie dieses Gefühl bewusst wahr und prüfen Sie, was es vom Herzen braucht. (Möchte es wahrgenommen werden? Braucht es Raum? Zuwendung? Erlaubnis? Anerkennung? Will es da sein dürfen?)
- Schreiben Sie sich selber einen Brief.

Intimität mit dem Körper

Der Körper ist ein Sakrament … Er ist in Wahrheit
eine Gemeinschaft verschiedener Individuen,
die harmonisch zusammenarbeiten,
um unsere Zugehörigkeit zur Welt zu ermöglichen.

John O'Donohue: Anam Cara

Mein Körper und ich, wir sind schon ziemlich lange gemeinsam auf der Wanderung. Allgemein empfinde ich meinen Körper als selbstverständlichen Teil meiner selbst, der mir nur dann besonders auffällt, wenn er auffällige Symptome zeigt. Mein Körper ist von mir durchdrungen, wie ich von ihm durchdrungen bin. Letzteres insofern, als ich mein inneres Bild von mir selbst nach dem Eindruck gestalte, den mein Körper in mir hinterlässt. Ist dies nicht die intimste Verbindung, die man sich denken kann? Doch wo bleibt diese Intimität in meinem alltäglichen Bewusstseinszustand?

Zu unserem Körper haben wir ein merkwürdiges Verhältnis. Einerseits ist er ein »Es« für uns – etwas, das wir zum Arzt tragen, wenn es reparaturbedürftig ist; etwas, über das wir uns ärgern, freuen, mit dem wir zufrieden oder unzufrieden sind. Andererseits identifizieren wir uns üblicherweise ganz selbstverständlich mit ihm. Ganz gleich, welche Ebene der spirituellen Erkenntnis wir in unseren Meditationen erlangen oder wie wir darüber auch philosophieren mögen: Ganz automatisch identifizieren wir uns mit dem Körper. »Ich bin geboren … ich sterbe. Ich sitze hier. Ich gehe dorthin. Ich fahre nach Italien. Ich bin krank. Ich habe Schmerzen. Ich bin durstig.« Mit diesem »Ich« ist eindeutig unser Körper gemeint. Ist es nicht seltsam, dass wir dieses »Ich« gleichzeitig so bedenkenlos in die Hände von Ärzten geben, von denen wir nichts weiter wissen, als dass sie einmal studiert haben; dass wir dieses »Ich« mit Substanzen vollstopfen, die es krank machen (Fabriknahrung, Tabak, Kaffee, Alkohol ...)? Wenn unser Körper »Ich« ist, warum gehen wir dann so schlecht mit ihm um?

Irgendwie wissen wir trotz aller Identifikation mit dem Körper offenbar auch, dass wir nicht nur Körper sind, sondern auch das, was den Körper bewohnt, benutzt und beseelt.

Unser Körper ist »Es« und »Ich« zugleich für uns.

Aber er ist kein »Du«. Wir würden es höchst merkwürdig finden, wenn jemand so mit seinem Körper reden würde: »Du erscheinst mir so schlapp heute. Was fehlt dir denn?« »Wie ist dir das Essen bekommen?« »Warum tut dein Zeh weh?« Das klingt verrückt.

Wenn wir die Realität, die wir Körper nennen, tiefer erforschen, finden wir, dass er eigentlich aus einer Ansammlung von Lebewesen besteht, die sich zu Organen, Zellverbänden, Schleimhäuten gruppieren und auf eine von unserem Bewusstsein völlig unabhängige Weise miteinander und für uns arbeiten. Unser Körper ist eine lebendige Ganzheit, die einerseits von unserem Bewusstsein geprägt und durchdrungen wird, andererseits aber auch ihr eigenes Bewusstsein besitzt. Mit diesem Wesen in eine Ich-Du-Beziehung einzutreten, bedeutet eine grundlegende Veränderung in unserem Erleben. Es bedeutet, eine Realität zum Leben zu erwecken, die eigentlich immer vorhanden ist, von der wir theoretisch auch wissen, die wir aber in der Praxis des Lebens nicht bemerken: die lebendige Wechselbeziehung zwischen Körper, Geist und Seele.

Wenn mein Körper ein »Es« ist, kann ich ihn hässlich finden oder schön. Ich kann ihn ablehnen, für verbesserungsbedürftig halten oder was auch immer. Sobald ich mit ihm in die »Ich-Du«-Beziehung trete, wird das Urteil unmöglich. Dann kann ich vielleicht sagen: »Du bist ein wunderbarer Körper«, aber dieses »wunderbar« ist nicht so sehr ein Urteil, als vielmehr ein Ausdruck meiner Dankbarkeit.

Lassen Sie uns das Experiment machen und unseren Körper als ein »Du« ansprechen (oder als »ihr«, wenn wir die unzähligen lebendigen Wesen meinen, aus denen er besteht). Teilen wir ihm mit, wie wir uns fühlen: »Ich fühle mich wohl in dir. Ich danke dir, dass du mir ein Zuhause bietest und zugleich ein Vehikel, das meinen Geist spazieren trägt; das es mir möglich macht zu fühlen, zu berühren, zu hören, zu sehen, zu schmecken und zu riechen. Ich danke dir, dass du mir die Möglichkeit gibst, meinem Wesen einen sicht- und fühlbaren Ausdruck zu verleihen. Ich spüre die unglaubliche Intimität, die uns verbindet. Ich danke dir für all die Gefühle und Empfindungen, die du mir ermöglichst. Ich danke dir, dass du ganz ohne mein Zutun so wunderbar funktionierst, dass du meinen Gedanken, Gefühlen und meinem Selbstbild ein lebendiger Spiegel bist. Ich danke dir, dass du für mich da bist. Es tut mir leid, dass ich dich so oft ignoriere, dass ich dich mit Stoffen belaste, die dir nicht guttun, dass ich deinem Bedürfnis nach Bewegung, frischer Luft und reinem Wasser allzu oft nicht nachkomme. Bitte höre nicht auf, mich nachdrücklich und rechtzeitig aufmerksam zu machen, wenn du etwas brauchst. Ich verspreche dir, mehr darauf zu achten.« Unser Gespräch mit dem Körper muss übrigens kein Monolog bleiben. Unser Körper spricht auch zu uns, eigentlich durch jede seiner Regungen, und wir können lernen, seine Botschaften zu verstehen. Es ist möglich, sie nicht nur als Körperempfindung und Symptom zu empfangen, sondern auch als Gedanken.

»Steh mal auf«, sagst du.
»Sei still«, antworte ich, »ich habe zu tun.«
Du schweigst und hältst dich eine Weile zurück.
Dir wird unwohl, das Blut staut sich in den Beinen.
Alles, was fließen sollte, beginnt zu stagnieren.
Du wirst unruhig.
»Sei still«, sage ich. »Später. Meine Arbeit geht vor.«
Und wieder schweigst du und hältst dich zurück.
Deine Unruhe wird größer.
Nachts, wenn ich schlafen möchte –
schlafen sollte, damit ich morgen wieder arbeiten kann –
hältst du mich wach, und forderst
die entgangene Bewegung ein.
Und weil ich nicht aufstehen und mich bewegen,
sondern still liegen und einschlafen will,
wälzt du dich in den Kissen herum,
zuckst mit den Beinen, leidest und schwitzt.
Mein armer Körper,
mit welchem Gehorsam, welcher Disziplin
schleppst du mich über die mühsamen Wege
meiner Selbstkasteiung – »Arbeit«, »Alltag«
und »Erwachsenenleben« genannt.
Ließe ich dir freien Lauf,
wie würden wir tanzen und springen,
uns strecken und recken wie eine Katze am Morgen.
Wir säßen im Gras,
statt auf diesem hochbeinigen Stuhl,

und es wäre uns vollkommen egal,
ob unsere Kleider dabei schmutzig würden.
Zwischen Grashalmen und Wiesenblumen
würden wir uns ausstrecken,
würden den sanften Flug der Wolken am Himmel betrachten,
statt Buchstaben auf Papier.
Ach, und wie frisch würden wir lieben –
wie spontan wäre unsere Liebkosung, gegeben ohne Zögern,
in dem Augenblick, in dem die Geste entstünde.
Lustvoll wären wir in Augenblicken der Lust,
schläfrig in Augenblicken der Müdigkeit,
zärtlich in Momenten der Zärtlichkeit.
Keine Last von Gedanken würde unser Handeln beschweren,
verzögern, verhindern oder verdrehen.

* * *

Wie anstrengend ist es, »ich« zu sein.
Wie viel es zu verteidigen, zu schützen, zu bekämpfen,
zu bewahren gilt.
Welch ungeheure Last, die angehäuften Gedanken
der Lebensjahrzehnte,
die Bürde all der Gefühle, die wir im Augenblick,
da sie entstanden,
nicht fühlen wollten, sondern auf später vertagten,
und die immer noch auf dieses »Später« warten.
Wie leicht, wie luftig ein gefühltes Gefühl –
wie schwer ein verdrängtes. Magnetgleich zieht es
seinesgleichen an,
und Trauben ähnlicher Gefühle,
fremde und eigene,
heften sich daran.
Wie schwer diese Last unser Herz macht,

unseren Körper,
wie träge die Säfte fließen
in einem Körper, den diese Bürde von Jahrzehnten niederdrückt.
Das ist das Alter, ihr Lieben, das uns verbiegt,
das unsere Haut welk und unsere Knochen trocken werden lässt.
Nicht das Alter macht uns alt,
sondern die mit den Jahren wachsende Bürde der Gedanken,
an denen wir festhalten, als bildeten sie uns selber,
und der Gefühle, die wir auf später vertagen.
Und das ist die Demenz, die gefürchtete Krankheit des Alters:
ein letzter Versuch, sich zu befreien
von all dieser Last.

* * *

Ich – dein Körper – könnte dich lehren,
lebendig und lustvoll zu sein.
Ich könnte dich lehren zu leben.
Du müsstest nicht fürchten, deine Pflichten zu versäumen,
ließest du mir freie Bahn.
Im Gegenteil, du würdest dich deiner Pflichten entledigen
mit leichter Hand.
Und würdest es genießen, wie ein Spiel.
Du würdest spüren,
dass in deiner geistigen Arbeit auch
eine Akrobatik, eine Anmut, eine spielerische Betätigung
deiner Denkmuskeln liegt.
Und wenn ich selber gesättigt wäre mit Licht, Luft
und Bewegung,
überließe ich dich mit Freuden und ohne zu stören
eine Zeit lang deinem geistigen Spiel.
Ich kann dich lehren, spontan zu sein,
selbst wenn deine alltägliche Arbeit

aus einer Wiederholung
von monotonen und anstrengenden Tätigkeiten besteht.
Ich habe immer genügend Gelegenheiten,
mir den Ausgleich zu verschaffen, den ich brauche,
um mich wohlzufühlen und gesund zu sein.
Du müsstest nur auf mich hören.
Ich diene dir gern.
Aber wenn du mir nicht auch dienst,
gehen wir beide zugrunde.
Einander dienend,
können wir glückliche Zeiten durchleben
und voller Freude sein.

Mein Körper freut sich sehr, wenn ich ihn freilasse. Ähnlich wie ein junger Hund, der von der Leine gelassen wird, tollt er herum und schüttelt sich, die ungewohnte Freiheit genießend. Statt in der stillen Versenkung im Sitzen zu verweilen, bei der wir Mühe haben, uns vom Denken zu lösen, ist es manchmal viel meditativer, viel wahrer, sich in den Körper zu versenken, tief in ihn hineinzuspüren, die Beziehung mit ihm zu erneuern und ihn zu fragen, was er gerade am meisten braucht. Vielleicht ein Springen, Tanzen, Schütteln, vielleicht ein tiefes Seufzen, eine kräftige Dehnung, vielleicht eine Entspannung im Liegen, einige tiefe Atemzüge. Vielleicht sehnt er sich danach, zu singen und von den Schwingungen der eigenen Stimme wohltuend durchdrungen zu werden. Vielleicht braucht er in gerade diesem Augenblick eine ganz bestimmte Nahrung oder ein Glas frisches Wasser. Vielleicht wünscht er sich ein warmes Bad oder eine kräftige Massage für die Füße. Vielleicht möchte die Kopfhaut gebürstet werden. Vielleicht möchte er, dass wir einfach mit ihm spielen, wie wir es taten, als wir ein Baby waren und entdeckten, dass wir mit den Zehen wackeln können.

Sag mir, Körper, was du brauchst.
Zeig es mir. Ich habe verlernt, auf deine Signale zu achten.
Ich weiß kaum noch, was es heißt, spontan zu sein.
Reumütig kehre ich zu dir zurück,
denn ich sehne mich danach,
von den Qualen erlöst zu werden,
die du mir bereitest
als Antwort auf all die Vernachlässigung
und falsche Behandlung,
die ich dir angedeihen ließ.

Unser Körper sehnt sich nach Berührung, nach der Wärme des Hautkontakts. Es ist wunderbar, jemanden zu haben, der einen streichelt, aber es ist nicht immer jemand da. Und wenn doch jemand da ist, hat er vielleicht gerade keine Lust oder keine Zeit dazu. Aber wir brauchen nicht unbedingt jemand anderen, der uns streichelt, wir können es selber tun. Ich spreche nicht von Masturbation, obwohl auch sie eine Art sein kann, seinem Körper Zuwendung zu geben. Ich spreche von einem sanften Streichen der Haut, von der gleichen Zärtlichkeit und Aufmerksamkeit getragen, wie wir die Haut eines anderen Menschen berühren würden. Wenn wir diese Art der Selbst-Zuwendung als reinen Ersatz für die nicht verfügbare Berührung durch einen Partner ansehen, wird sie uns nicht befriedigen. Treten wir dabei jedoch mit unserem Körper als einem Du in Kontakt, verwandelt sich das Erleben in Intimität.

Wir können mit unseren Organen sprechen. Probieren Sie es aus. Sie werden womöglich erleben, dass sie antworten. Drückt mich der Magen, frage ich ihn: »Was fehlt dir? Was drückt dich?«, und er wird es mir sagen. Ich spüre mit meinem Atem in ihn hinein, während ich die Frage stelle, und er antwortet mir. Die Antwort taucht als Gefühl auf, als Bild oder in Worten. »Zu viel Anstrengung. Zu wenig Leben«, sagt er zum Beispiel, oder: »Das kalte Essen habe ich nicht vertragen.« Oder ich fühle meinen Stress, meine Sorgen, meine Anspannung, während ich in den schmerzenden Magen hineinatme.

Haben Sie jemals die Intimität mit Ihrem Gesicht erlebt? Spüren Sie, wie Ihr Gemütszustand Ihr Gesicht durchdringt und wie Ihr Gesicht Ihren Gemütszustand prägt und beeinflusst? Wenden Sie sich Ihrem Gesicht einmal als einem »Du« zu, und Sie werden erleben, wie Sie und Ihr Gesicht ein Lächeln miteinander teilen.

Und dann die Intimität mit den »intimeren« Teilen unseres Körpers, die für Sexualität und Fortpflanzung zuständig sind. Im Tantra lernt man, sich seiner »Yoni« (Vagina) oder seinen »Lingam« (Penis) zuzuwenden und mit diesen Organen in Dialog zu treten. Eine Ich-Du-Beziehung mit diesen, oft vernachlässigten, verachteten und versteckten Teilen des Körpers einzugehen, weckt die natürliche Ehrfurcht, die ihnen gebührt. Mit dem »Du« kehrt der Sinn für das Heilige zurück. Das ist sehr heilend für alle, die in ihrer Kindheit gelernt haben, dass »das da unten« schmutzig sei und Lust etwas, dessen man sich zu schämen habe.

Kommentar von einer höheren Ebene des Bewusstseins

Ebenso wie die gesamte Welt ist der Körper, wenn du in die Welt der Intimität eingetreten bist, etwas vollständig anderes als das, was du im alltäglichen Zustand von ihm wahrnimmst. Es ist leicht, davon zu reden, dass der Körper ein »Wunderwerk« sei, ein »lebendiger Tempel. Aber zu erleben, wie du in jedem Augenblick mit jeder deiner seelischen Regungen, jedem Gedanken, jedem Gefühl, mit einer Unzahl lebendiger Zellen in Kontakt trittst; zu erleben, wie diese Zellen tanzen, wenn du dich freust, und wie sie leiden, wenn du wütend bist; zu spüren, wie der Körper seinerseits die pure Lust am Leben verspürt, wenn du ihn freilässt; zu fühlen, wie du mit Geist und Seele hineingewoben bist in diesen lebendigen Zellverbund, wie die Melodie deiner Stimmungen die Zellen deines Körpers in Schwingung versetzt, das ist etwas anderes. Himmel und Erde vermählen sich in deinem Körper. Das ist ein schönes Bild, aber kannst du es fühlen? Das zu spüren bedeutet Lust.

Wie du als Geist und Seele deinen lebendigen Körper durchdringst; wie dein lebendiger Körper dich als Geist und Seele trägt und formt und fühlbar werden lässt – das zu fühlen ist das Glück der Intimität.

Weißt du eigentlich, dass dein Körper nicht dein Körper ist? Dein Körper setzt sich zusammen aus dem ganzen Universum. Er ist geborgt, zur Verfügung gestellt, um dir zu dienen. Du gehst eine äußerst intime Verbindung mit den Zellen »deines« Körpers ein, aber hast du irgend eine Ahnung, welche Zellen es sind, woher sie kommen, was sie genau tun, woher sie wissen, was sie zu tun haben, und wohin sie gehen, wenn sie »dich« verlassen?

Danke deinem Körper jeden Tag, dass er dir dient. Auf diese Weise weckst du dich aus der Selbstverständlichkeit auf, mit der du dich mit deinem Körper identifizierst und ihn zugleich im Stich lässt und vernachlässigst.
Danke dem Universum jeden Tag, dass es dir diesen Körper zur Verfügung gestellt hat. Auf diese Weise weckst du dich auf zu dem Bewusstsein deiner Intimität mit dem gesamten Universum – verkörpert in eben der Gestalt, die du im Spiegel erblickst und für dich selber hältst.

Praktische Anregungen zu diesem Kapitel

- Wenn Sie allein sind und sich unbeobachtet fühlen, erlauben Sie Ihrem Körper, sich so zu bewegen, wie er möchte. Entdecken Sie die Freude an der freien Bewegung wieder. Vielleicht möchte Ihr Körper über den Teppich rollen, sich schütteln oder mit den Beinen strampeln.
- Wenn Sie allein und unbeobachtet sind und außerdem sicher sein können, dass niemand Ihnen zuhört, erlauben Sie Ihrem Körper, sich über die Stimme frei auszudrücken. Es gibt so viele Laute, mit denen er sich gern äußern würde, die Sie aber als zivilisierter und erwachsener Mensch nicht herauslassen – vielleicht ein lautes, befreiendes »Aaaah«, vielleicht ein Schnauben wie ein Pferd. Vielleicht freut sich der Körper an einem explosiven P oder einem langen, gerollten R … Vielleicht möchte er singen, trällern, summen, schimpfen, grollen, stöhnen, schreien …

- Schmusen Sie mit Ihrem Körper, wie Sie mit dem Körper eines Babys, eines Freundes oder einer Freundin schmusen würden. Verwöhnen Sie ihn, überschütten Sie ihn mit Zärtlichkeit. Achten Sie darauf, dass Sie in Kontakt mit Ihrem Körper bleiben und ihm nicht einfach nur irgendwelche Berührungen angedeihen lassen.
- Danken Sie Ihrem Körper. Loben Sie ihn.
- Befreien Sie ihn von der Last Ihrer emotionalen Bürden, indem Sie diese ins Bewusstsein holen und Ihr Herz dafür öffnen.
- Seien Sie in Ihrem Körper anwesend. Spüren Sie sich. Fühlen Sie.
- Spüren Sie Ihren Atem, so oft es Ihnen einfällt.

Gesundheit

Der wirkliche Durchbruch findet dann statt, wenn das Leben als der/die Geliebte erscheint und wir erleben, dass wir schon längst heil sind.

Richard Moss: Krankheit – Tor zur Wandlung

Vollkommene Gesundheit bedeutet, vollkommen man selber zu sein und dem eigenen Weg zu folgen beziehungsweise mit dem Weg, den man geht, ganz und gar eins zu sein. Das ist natürlich ein Ideal, das in der Welt, wie sie ist, schwer zu verwirklichen ist und mit dem man sich, wenn man es falsch versteht, außerdem eine Menge Stress machen kann, nach dem Motto: »Jetzt war ich schon wieder nicht ich selber!«

Dennoch ist es eine Tatsache, dass Gesundheit nichts anderes bedeutet als dies: seiner eigenen Natur zu folgen und im Einklang zu sein mit seiner Welt.

Es gibt so vieles in unserem Leben, das uns nicht passt. Einiges in unseren Beziehungen, in unserer Arbeit, in unserem Umfeld ist nicht so, wie wir es gern hätten … Statt im Büro zu sitzen, lägen wir vielleicht lieber am Strand. Statt der alltäglichen Routine der Ehe hätten wir vielleicht gern wieder das Abenteuerliche des Junggesellendaseins, oder umgekehrt. Wir haben nicht genug Geld. Wir sind nicht zufrieden mit unserem Aussehen, unserem Gewicht, unserem Charakter, unserem Verhalten. Wir leben nicht unserer Sehnsucht entsprechend. Im Gegenteil, es gibt viele Wünsche, die wir längst begraben haben, weil es uns aussichtslos erscheint, uns nach ihrer Erfüllung zu sehnen.

Wie können wir da gesund sein? Frage an die »Jungs« von den höheren Ebenen.

Dialog mit einer höheren Ebene des Bewusstseins

Wenn man es so betrachtet, ist es in der Tat ein schwieriges bis unmögliches Unterfangen.

Aber meine Definition von vollkommener Gesundheit stimmt doch? Ich meine, sie stammt doch von euch? »Sei du selbst …«[13]

Ja. Aber es ist nicht ganz so schwierig, wie du es darstellst. Es ist einfacher. So wie du es formulierst, klingt es wie ein Ziel, das außerhalb von »jetzt« im »Irgendwann« liegt und fast unmöglich zu erreichen ist. Aber die Realität ist die Gegenwart. Jetzt.

Ich verstehe …

Noch nicht ganz. Jetzt, im gegenwärtigen Augenblick, kannst du entweder gegenwärtig sein oder nicht. Das ist alles.

Das ist Zen.

So kannst du es nennen.
Sobald du in deinem Geist eine Reihe von Augenblicken zusammenknüpfst und daraus eine Straße machst, die vom unvollkommenen Jetzt zu einer zukünftigen Vollkommenheit führt, bist du auf dem Holzweg. Es ist jetzt. Nur jetzt. Vergiss Ziele. Vergiss Vollkommenheit. Sei jetzt gesund – oder nie.

Was bedeutet dann jetzt gesund sein?

Was bedeutet es jetzt, ganz konkret, für dich?

Das Schreiben zu unterbrechen und etwas zu essen. Ich habe Hunger.

So ist es. Dann tu das. Das ist alles.

Ja. Danke. Aber … Das Essen wird gerade zubereitet, können wir nicht noch ein wenig weiterarbeiten? Es läuft gerade so gut.

Was bedeutet dann im gegenwärtigen Augenblick gesund sein für dich?

Mich zurechtzusetzen, weil mein Hintern wehtut. Zu fühlen, dass ich traurig bin, wenn ich daran denke, dass dieser Kontakt, den ich gerade mit euch habe, abreißt, wenn ich ihn unterbreche, um etwas zu essen. Und Angst, dass er sich nicht wieder einstellt. Und die Hornisse über meinem Kopf summen zu hören. Und das Lächeln zu spüren, das sich auf meinem Gesicht ausbreitet, wenn ich das Piepen der Vögel im Hintergrund höre und das leise Flirren in den Blättern der Birke über mir wahrnehme. Zu leben. Zu lauschen. Zu atmen. Zu sein.

Und was ist mit dem Schmerz in deinem Zeh?

Ja. Ihn auch zu spüren. Ihn zu berühren mit meinem Bewusstsein, meinem Atem. Ihn dabei sein lassen.

So ist es. Nun geh und entspann dich.

(Nach einer Pause geht das Diktat weiter:)

Alles hat eine »sachliche« und eine »poetische« Seite. Du kannst Gesundheit sachlich betrachten. Dann sagst du, wie man sie erreichen, wiederherstellen oder bewahren kann, und es mag ein ähnlicher Text herauskommen wie der obige. Aber alles hat seine poetische Seite.

Natürlich! Hatte ich vergessen. Dabei ist mir spätestens seit meinen Besuchen in der Zauberwelt klar, dass das Leben hauptsächlich poetisch ist …

So ist es. Wenn du nun Gesundheit von der poetischen Seite her betrachtest, wie würdest du sie dann beschreiben?

Als Musik? Ich würde so etwas sagen wie: Jedes Wesen hat seine charakteristische Schwingung … Wenn es sich diese Grundschwingung bewahren kann, welche Einflüsse auch immer es treffen, so bleibt es gesund … Oder wenn diese seine Schwingung sich in harmonischem Einklang befindet mit der Umwelt des Betreffenden, ist er gesund …

So würdest du es vermutlich formulieren. Und du hättest damit nicht unrecht. Nur ist das nicht die poetische Seite.

Ach so. Ja. Stimmt, die poetische Betrachtung wäre ganz anders. Da wäre dann Gesundheit kein Gegensatz zu Krankheit oder jedenfalls nichts Schlechteres als Krankheit … Man würde den Augenblick nehmen, wie er ist, mit seinen Gefühlen, Stimmungen, Sinneseindrücken, und sozusagen die Poesie der Gegenwart erleben, anstatt sie zu zerstückeln und zu analysieren …

Jetzt kommst du der Sache näher.

Ja. Manchmal erlebe ich es so. Dann spüre ich – so wie jetzt gerade –, dass der Lärm des Motorrads im Hintergrund, das Vogelzwitschern im Vordergrund, der blaue Himmel und die leuchtenden Blätter, die halb zerfallene alte Steinmauer vor mir mitsamt der leeren Plastikschale, aus der die Dorfkatze eben Milch getrunken hat … mitsamt meinem Schmerz im Zeh, meinem Atem und dem Klappern der Tasten meines Computers zusammengehören … Untrennbar … Man könnte sagen, wie die verschiedenen Stimmen in einem Chor oder einer Sinfonie.

So ist es. Das ist sehr nah an Gesundheit.

Gesundheit bedeutet in dem Sinne: es wahrnehmen, wie es ist? Ohne etwas hinzuzufügen?

Schön gesagt. Aber kannst du es?

Sekundenlang, vielleicht minutenlang.

Gesundheit bedeutet, zu leben. Leben ist gesund.

Einschließlich Luftverschmutzung und Mobilfunkstrahlung und falscher Sitzhaltung und ungesunder Ernährung und allem …?

Nein. Wir sprechen nicht von Lebensweisen. Das Leben selber ist gesund, kann gar nicht anders sein als gesund, ist sozusagen die Gesundheit selber, und zu leben *ist gesund.*

Was versteht ihr unter »*leben*«?

Du wirst es kaum in Worte fassen können. Du begreifst es, in diesem Augenblick, aber Worte führen wieder fort von dem Begreifen, weil sie es wieder zersplittern.

Versuchen wir es trotzdem?

Gut. Zu leben bedeutet zu sein, gegenwärtig zu sein, am Leben – das alldurchdringend und allumfassend ist – teilzuhaben mit allem, was du im gegenwärtigen Augenblick bist, fühlst, wahrnimmst oder denkst.

Worte machen es schwieriger als es ist.
Meditiere darüber.

Wenn ich versuche, das, was ich da ahne, umzusetzen, spüre ich meinen Atem und habe ein Gefühl, alles zu umfassen und zu durchdringen, meine Umgebung ebenso wie meinen Körper … ist das *leben*?

Es ist jedenfalls ein Versuch.

Wie kann ich aufhören, es zu versuchen und anfangen, es zu sein? Oder zu tun?

Das ist genau der Punkt. Nicht tun. Sein.

Ja. Ich verstehe. Hier enden die Worte, nicht wahr?

Hier enden sie. Aber sei gewiss, dass deine Leser es genauso gut verstehen wie du, auch wenn sie es ebenso wenig erklären können.

Dann ist es ja gut.
Schließen wir hiermit dieses Kapitel ab? Da die Worte ja hier enden?

Nicht die Worte für dieses Kapitel enden hier, sondern die Erklärungsversuche für leben.
Leben ist gesund, wir wiederholen es. Die Natur ist gesund. Das bedeutet mit anderen Worten: Auch eure Natur ist gesund. Selbst wenn ihr mit einem körperlichen Defekt geboren seid: Eure Natur ist gesund. Nichts von dem, was ihr tut oder denkt, kann daran etwas ändern.
Zu leben *– ob ihr nun gerade Schmerzen habt oder euch wohlfühlt, ob euch der Fuß drückt oder ihr krank seid oder vor Gesundheit strotzt, ob die Umstände euch behagen oder nicht, ob eure Umgebung euch gefällt oder nicht, ob ihr mit eurer*

Beziehung zufrieden seid oder nicht, ob ihr euch selber hasst oder liebt – zu leben bedeutet in, mit und bei alldem einfach zu sein. Mit allem, was in euch ist – im jeweiligen Augenblick. Ihr habt nicht nur Teil am Sein, ihr seid es selber. Seid!

Ja. Schön. Klingt plausibel. Aber wie machen wir das?

Hier enden wieder die Worte. Hier gibt es kein »Wie«. Beginne zu leben.
Jetzt.
Was ist jetzt gesund für dich?

Aufzustehen und mich zu bewegen. Und dann weiter im Fluss des Schreibens zu bleiben.

»Und dann weiter« stimmt schon wieder nicht. Hier bist du in der Zukunft.

Okay. Also: Wahrzunehmen, dass ich gerne weiterschreiben und im Fluss bleiben möchte, und aufzustehen und mich zu bewegen.

So ist es. Was immer du tust: Lebe. Sei.
Betrachte das Leben poetisch, wie ein Gesamtkunstwerk, in dem allerdings alle Elemente lebendig und miteinander in Beziehung stehen, und du bist gesünder, als wenn du es sachlich betrachtest, auseinandernimmst, kritisch untersuchst und dich bemühst, es nach deinen oder übernommenen Vorstellungen »in Ordnung zu bringen«. Würdige es nicht nur, sondern sei selbst poetisch, indem du lebst.

Wie das geht, kann man wieder nicht erklären, richtig?

Nur sein.

Gilt diese ganze Poesie-Geschichte nicht auch für unsere Beziehungen? Könnt ihr dazu etwas sagen? Ich meine, wenn ich meine Paarbeziehung nicht mehr bewerte, analysiere und zu verbessern versuche, sondern in ihrer Poesie würdige und lebe, dann lebe ich sie, lebe ich mich und stehe in lebendiger Beziehung mit dem, was ist, und mit meinem Partner, wie er ist. Dann *lebe* ich.

Jetzt hast du's begriffen.

Ja. Ich habe es die ganze Zeit gewusst, ohne es zu wissen.

Aber Vorsicht: Mach kein Dogma daraus, das dich wieder aus der Poesie der Gegenwart entfernt. Wenn du gerade unzufrieden bist, sei unzufrieden. Lebe dich, lebe Beziehung, mit allem, was gerade in dir ist. Das bedeutet leben.

Und das gilt auch für Krankheitssymptome?

Du kannst mit alledem und trotz alledem ganz und gar leben.

Jetzt habe ich verstanden.

Du kannst zulassen, dass deine Teilnahme am Leben sich dadurch reduziert – oder eben nicht. Das ist der Unterschied.

Praktische Anregungen zu diesem Kapitel

- Fragen Sie sich immer wieder: Was ist gesund für mich in diesem Augenblick?
- Achten Sie auf Signale des Körpers.
- Achten Sie auf Signale der Seele.
- Seien Sie bei sich und fühlen Sie, statt außer sich zu sein.
- Spüren Sie Ihren Atem.

- Beobachten Sie: Welche Befehle gebe ich meinem Körper, die sein Wohlbefinden stören? Öffnen Sie Ihr Herz für die negativen Gefühle, die sich darin ausdrücken, und geben Sie dem Körper neue Befehle.
- Leiden Sie nicht, sondern befreien Sie die Sehnsucht, die unter diesem Leid begraben liegt, und öffnen Sie Ihr Herz dafür.
- Lassen Sie nicht zu, dass Ihre Schmerzen und Probleme Ihre Teilnahme am Leben einschränken. *Leben Sie!*

Fühlen

Wenn wir fühlen, sind wir in Kontakt mit uns selbst
und der Welt um uns.

Safi Nidiaye: Wieder fühlen lernen

Wir sprechen viel von Gefühlen, aber wir fühlen so gut wie gar nicht. Unsere Aufmerksamkeit ist normalerweise bei Gedanken, Ereignissen und Handlungen, nicht beim Fühlen. Und das bedeutet, dass wir uns selber nicht wahrnehmen, dass wir nicht spüren, was in unserem Körper, was in unserem Herzen vor sich geht, dass wir nicht mit uns selber in Kontakt sind. »Gefühle« (im Sinne von Emotion) sind Nuancen eines stetigen Stroms des inneren Erlebens. »Fühlen« bedeutet jedoch mehr als unser emotionales Erleben. Es bezeichnet auch unsere erste, unsere unmittelbare Wahrnehmung (Gefühl im Sinne von Intuition oder Instinkt). Bevor wir etwas sehen, hören, riechen oder schmecken oder ertasten, können wir es bereits fühlen. Das bedeutet, dass wir es im Innern wahrnehmen, statt – wie unsere Körpersinne uns suggerieren – im »Außen«.

Fühlen ist ein innerer Sinn, welcher der Welt der Intimität entstammt.

Mehr als alle Sinneswahrnehmungen bringt uns deshalb das Fühlen nach Hause, zurück in die Intimität.

Ich kenne dich nicht.
Ich weiß nichts von dir,
aber ich fühle dich.

Fühlend teile ich für einen Augenblick
dein inneres Leben als mein eigenes.
Ich will es nicht benennen, will nicht versuchen es zu verstehen.
Denn täte ich dies,
verließe ich die Intimität der Berührung
und kehrte zurück in die Welt meiner eigenen Gedanken,
meiner eigenen Erfahrungen, an denen du keinen Anteil hast.

Dieses unmittelbare Fühlen haben wir zwar nicht verlernt – man kann es nicht verlernen, denn es findet ständig statt –, aber wir haben verlernt, es zu beachten und zu achten. Unsere gesamte Aufmerksamkeit ist im alltäglichen Bewusstseinszustand auf die Welt gerichtet, wie sie von unseren Sinnesorganen wahrgenommen und von unserem Verstand interpretiert wird. Wir fühlen Menschen, Orte, Materialien, Nahrungsmittel, Arzneien nicht mehr, sondern sind auf Informationen aus zweiter und dritter Hand angewiesen, wenn wir wissen wollen, mit wem oder was wir es zu tun haben. Wir fühlen auch uns selber nicht mehr, nehmen nicht mehr wahr, was in unserem Herzen und meistens auch nicht, was in unserem Körper vor sich geht. Wir erleben uns als Opfer unserer Emotionen, aber wir fühlen sie nicht. Über all dies habe ich in meinen letzten Büchern ausführlich geschrieben. Deshalb breite ich diese Beobachtungen und Überlegungen hier nicht weiter aus.[14]

Wir können einander fühlen, weil wir nicht nur in einer Realität leben, in der du und ich durch eine Barriere von Haut voneinander getrennt sind; sondern gleichzeitig in einer Welt, in der wir einander – ob wir es wollen oder nicht – überlappen, durchdringen und innerlich berühren. Dies wissen wir aus der Quantenphysik, aber auch aus der Mystik.

Bericht aus einer anderen Realität

Wir leben in einer Welt der Intimität. Wir sind so intim miteinander verbunden, dass jede Art von Austausch zwischen uns immer mit dem ganzen Wesen geschieht. Das ganze Wesen wird berührt und durchströmt vom Wesen des anderen und geht verwandelt aus dieser Begegnung hervor. Es ist ein Tanz, ein sehr lebendiger Tanz, den wir miteinander tanzen – ein anmutiges Spiel, ähnlich wie der Tanz des Windes in den Blättern eines Baumes mit sehr feinen Ästen und kleinen Blättern. Der Wind streift durch die Äste, Zweige und Blätter, und diese tanzen im Wind und erfreuen sich an seiner Berührung, ebenso wie der Wind sich am Tanz der Blätter freut. Nur dass wir, wenn wir miteinander kommunizieren, einander vollständig durchdringen.
Ihr tut das auch, aber es ist euch nicht bewusst, weil ihr mit der festen, undurchdringlich erscheinenden Form eures physischen Körpers identifiziert seid. »Mein Körper ist meine Burg«, denkt ihr und fühlt euch darin relativ sicher vor den Gedanken, Gefühlen, Stimmungen und Energien anderer. Jedoch durchdringen und überlappen eure Energiefelder einander in all ihren verschiedenen Schichten und Dimensionen. Eure Gedankenfelder, Gefühlsfelder, Stimmungsfelder durchdringen und beeinflussen einander in einem ständigen Wechselspiel. Ähnlich ergeht es uns, nur dass wir nicht die Illusion eines festen, undurchdringlichen Körpers haben. Wir haben keine Konturen, innerhalb derer wir uns abgetrennt und sicher fühlen. Wir sind ganz und gar wir selbst, jedes in seiner unverwechselbaren Identität, und doch können wir es uns leisten, uns ebenso vollständig von einem anderen Wesen durchdringen zu lassen, berühren zu lassen, ohne unsere Individualität zu verlieren. Das liegt daran, dass wir uns

sowohl unserer Individualität als auch unseres Einsseins mit allem bewusst sind. Wir wissen, dass unser Wesenskern, unsere Individualität unzerstörbar ist. Und wir wissen, dass wir auf immer Teil eines Ganzen sind, in dem wir weder verloren gehen noch zerstört werden können.

Dieses gleiche Bewusstsein könnt ihr ebenfalls erreichen.

Es nützt euch allerdings wenig, wenn wir euch von unserem Bewusstseinszustand berichten. Ihr müsst ihn selber in euch entdecken. Ihr müsst euch sozusagen »hinauf beamen« in eine höhere Dimension eures eigenen Bewusstseins. Dies sollte nicht allzu schwierig sein, denn der Weg dorthin ist von so vielen beschritten worden, dass er mittlerweile nicht mehr wie früher ein fast unauffindbarer, schmaler Pfad, sondern eine breite Straße geworden ist. Setzt euch einfach hin, schließt die Augen und erlaubt eurem Bewusstsein, sich einer höherer Dimension gewahr zu werden.

Es gibt nicht wirklich ein »Tun«, mit dem ihr diese höhere Dimension entdecken könnt. Alles, was ihr tun könnt, ist, euch darauf einzustellen, dass es sie gibt, und dann jedes Tun aufzugeben und euch für ihr Vorhandensein zu öffnen. Die Kennzeichen dieser höheren Dimension sind diese: Ähnlich wie oben beschrieben, erlebt ihr euch als feinstofflich – so fein, dass ihr mehr Geist als Körper seid: schwerelos, ohne Konturen und dennoch als ganz und gar ihr selbst, in eurer unverwechselbaren Individualität. Erlaubt einfach eurem Bewusstsein, sich vom Körper (beziehungsweise von der Art, wie ihr den Körper wahrnehmt!) zu lösen. Vielleicht indem ihr der Frage nachgeht: Wer bin ich, wenn ich keinen Körper (mehr) habe?

In dieser höheren, feineren Dimension eures Wesens – die ebenso real ist wie die körperliche Dimension – befindet ihr euch mitten in einer Welt der Intimität. Nun könnt ihr erleben,

in welchem Ausmaß ihr in Wirklichkeit mit allem Leben verbunden seid – mehr als verbunden. In gewisser Weise besteht eines aus dem anderen und das andere aus dem einen. Alles befindet sich in einem ständigen Austausch miteinander, einem Austausch, der Gesetzmäßigkeiten folgt und zugleich spontan und kreativ ist. Ihr werdet erleben, wie lebendig eigentlich das Leben ist – eine Lebendigkeit, von der ihr in eurem Körper-Selbstbild keine Vorstellung habt.
Nun, diese Welt der Intimität liegt der Welt der getrennten Erscheinungen, in der ihr zu leben meint, zugrunde. Es ist müßig, darüber zu spekulieren, welche Welt realer ist. Die eine liegt der anderen zugrunde, und die andere ist eine Ausprägung oder Fortführung der einen. Beide sind real.
Im Grunde genommen sind beide übrigens keine »Welten«, sondern ganz einfach Bewusstseinszustände oder Sichtweisen. Ihr könnt euch mit der Sichtweise der höheren, geistigen Dimension so vertraut machen, dass sie euch stets gegenwärtig ist, auch wenn ihr euren Beschäftigungen mitten in der Alltagswelt nachgeht. Nichts wird euch so schnell in das Bewusstsein der Intimität hineinkatapultieren wie dies: die Existenz der höheren Dimension ständig im Hinterkopf zu haben, und zwar nicht nur gedanklich, sondern auch gefühlsmäßig.
Aus der Perspektive dieser höheren Dimension sieht alles anders aus. Was bedeutet beispielsweise »Gemütlichkeit« oder »Geborgenheit« auf dieser Ebene? In der materiellen Welt braucht ihr bestimmte Umstände oder Gegenstände, um ein Gefühl von Gemütlichkeit oder Geborgenheit zu erzeugen. Eine bestimmte Art von Haus etwa, ein Bett, eine Kuscheldecke oder die körperliche Nähe eines anderen Menschen. Die meisten von euch tragen eine Sehnsucht nach diesen Qualitäten mit sich herum, weil sie in der Kindheit nicht genug davon

bekommen haben. Manche von ihnen merken vielleicht, dass der Körper selber ihnen eine Art von Geborgenheit schenkt, ein Haus, in dem sie sich heimisch und geschützt fühlen und das von Natur aus über eine gewisse Wärme verfügt. Wenn ihr euch nun vorstellt, in einer mehr geistigen und weniger körperlichen Dimension zu leben, ohne dieses feste und fest umrissene Körperhaus, fürchtet ihr euch vielleicht vor dem Verlust dieser Geborgenheit. Aber in unserer Dimension ist Geborgenheit ein reiner Gemütszustand, ein Gefühl, hervorgerufen durch eine Idee, einen Gedanken. Wir brauchen uns nur auf diese Idee zu konzentrieren, um diesen Zustand zu erzeugen. Tatsächlich ist das in eurer Welt genauso. Geborgenheit ist keine körperliche, sondern eine geistige Realität, eine Idee mit einem Gefühlsmantel sozusagen, ein Gemütszustand. Dieser Gemütszustand kann durch gewisse Umstände in euch aktiviert werden, aber diese Umstände erzeugen die Geborgenheit nicht, und sie sind auch nicht Geborgenheit. Sie helfen euch nur, das Gefühl von Geborgenheit zu entwickeln.

In der geistigen Welt verzichten wir auf die Umstände und Gegenstände und erzeugen das Gefühl ganz direkt. Oder besser gesagt, wir lenken unsere Aufmerksamkeit darauf. Wir müssen es noch nicht einmal »erzeugen«. Wir müssen nur unsere Aufmerksamkeit darauf lenken.

Auch dies ist streng genommen in eurer Welt ebenso. Ihr denkt immer, ihr müsst tun und machen und euch anstrengen und erzeugen, aber alles, was ihr zu tun habt, um irgendetwas zu erzeugen, ist, eure Aufmerksamkeit darauf zu lenken. Ihr müsst einfach der natürlichen Sehnsucht folgen, die in euch vorhanden ist, und eure Aufmerksamkeit auf das richten, wonach ihr euch sehnt. Alles Weitere, alles Tun und Machen, alles Wahrnehmen der entsprechenden Gelegenheiten und

alles Geschehenlassen ergibt sich von allein. Allerdings nur, wenn ihr lediglich die Aufmerksamkeit auf das richtet, wonach ihr euch sehnt, ohne dieser Aufmerksamkeit störende und hindernde Gefühle und Gedanken beizumengen wie etwa Neid oder die Befürchtung, es sei unmöglich, das Ersehnte zu erlangen.
In der geistigen Welt ist alles sehr einfach. Gedanke erzeugt Gefühl, Gefühl erzeugt Realität, und das alles ohne jeden Aufwand an Zeit oder Mühe. Die für euch interessante Botschaft ist jedoch, dass ihr ebenso in der geistigen Welt existiert wie wir – nur dass ihr zusätzlich über die körperlich-materielle Dimension verfügt, die eine gewisse Schwere und Dichte und Festigkeit mit sich bringt und in der deshalb sowohl Zeit als auch Energie benötigt werden, um etwas zu manifestieren. Das Grundgesetz ist jedoch immer gleich: Gedanke erzeugt Gefühl, Gefühl erzeugt Realität.
Dies nehmt ihr jedoch nicht wahr, da euer Bewusstsein auf die manifeste Realität gerichtet ist. Deshalb bekommt ihr nicht mit, in welcher Weise ihr diese Realität fortlaufend durch eure Gedanken und Gefühle erschafft. Eure Wahrnehmung setzt am anderen Ende an. Ihr nehmt die Realität wahr, und diese Realität erzeugt in euch Gedanken und Gefühle, weil ihr den Eindruck habt, ihr Opfer zu sein.
Dies ist ein weites Feld, über das viel gesagt werden kann und schon viel gesagt wurde.[15]
Zurück zur Intimität. Was geschieht nun bei einer Begegnung zwischen Mensch und Mensch? Die Körper mögen einander nicht berühren, aber die Energie-, Gefühls- und Gedankenfelder berühren und durchdringen einander, meist ohne dass die Menschen es bemerken. Nun geschieht etwas Interessantes. Person A denkt etwas, und dieser Gedanke erzeugt ein Gefühl in ihr. Im Moment der Begegnung, da A's

Energie-Gefühls-Gedankenfeld das von B durchdringt, taucht dieses Gefühl in B auf und wird dort entweder als eigenes Gefühl wahrgenommen oder als fremdes, störendes Element, das (unbewusst) eine gefühlsmäßige Anti-Reaktion und einen negativen Gedanken hervorruft. Diese reaktiven Gefühle und Gedanken werden wiederum unbewusst von A wahrgenommen, der wahrscheinlich ebenso wenig unterscheiden kann, ob dies seine eigenen Gefühle und Gedanken sind oder nicht – zumal seine Aufmerksamkeit überhaupt nicht auf diese Frage gerichtet ist. A reagiert nun wiederum auf die Reaktionsgefühle und -gedanken von B und umgekehrt. Und so geht es immer weiter, so lange die Begegnung anhält. Was immer die beiden miteinander besprechen, welche Interaktion auf der oberflächlichen, sicht- und hörbaren Ebene auch immer stattfindet – im Innern läuft dieser Gefühls-Gedanken-Wirrwarr ab, und zurück bleiben auf beiden Seiten Gefühle, die unverständlich sind, wenn man diesen Austausch nicht mitbekommen hat: Gefühle wie Ärger, Zorn oder auch ein Gefühl, irritiert oder verstört zu sein.

Aber es geschieht noch mehr. Bei der Begegnung überlagern einander nicht nur innere Welten aus Inhalten, also Gedanken und Gefühlen, sondern auch Welten aus Energie oder, anders gesagt, Energiefelder. Energiefelder bestehen aus positiven und negativen Teilen, aus Yang- und Yin-Bestandteilen, von Person zu Person und Moment zu Moment in unterschiedlicher Verteilung. Im Moment der Begegnung zwischen zwei Personen durchdringen diese Energiefelder einander, und ein Austausch findet statt. Dieser Austausch kann im günstigsten Fall dazu führen, dass beide hinterher mehr im Gleichgewicht sind – falls nämlich die Energiefelder einander in idealer Weise ergänzen. In diesem Falle werden die beiden Personen vermutlich den Wunsch entwickeln, öfter miteinander zu tun zu haben. In vielen Fällen führt dieser Austausch jedoch dazu, dass sich eine Person mit den Bestandteilen im Energiefeld der anderen auflädt, die ihr fehlen, und die andere Person kein Äquivalent zurückbekommt, einfach weil dieses nicht vorhanden ist. Das heißt, sie geht leer aus und fühlt sich hinterher ausgelaugt, erschöpft, leer. Manche Menschen sprechen in diesem Zusammenhang von »Energievampiren«, aber tatsächlich steckt dahinter in den wenigsten Fällen echter Vampirismus, also das bewusste »Aussaugen« des anderen Menschen, sondern einfach ein unbeabsichtigter Austausch.

Und es geht sogar noch weiter. Die Begegnung zwischen A und B findet ja nicht im Nirgendwo statt, sondern an einem bestimmten Ort und in einer bestimmten Zeit. Zu dem Austausch zwischen A und B kommt also noch der Austausch mit der Atmosphäre und bestimmten Elementen des Ortes sowie die Zeitqualität, die geprägt ist von dem Klima, das gerade herrscht, vom Stand des Mondes, der Sonne und der Planeten und dergleichen mehr. Theoretisch – aber das ist natürlich wirklich nur Theorie – würde die Begegnung zwischen A und B völlig anders ablaufen, fände sie zu einer anderen Zeit oder an einem anderen Ort statt. Ihr befindet euch immer an einem bestimmten Punkt im Raum und einem bestimmten Punkt in der Zeit (einmal davon abgesehen, dass es verschiedene Räume und Zeiten gibt, die einander überlagern in diesem multidimensionalen Universum), und das bedeutet, dass bei jeder Begegnung ein Austausch stattfindet – nicht nur zwischen den Personen, die einander begegnen, sondern auch mit dem Feld, in dem diese Begegnung stattfindet. Vielleicht trefft ihr euch unter einem Baum. Ist euch dann bewusst, dass der Baum nicht nur Zeuge eurer Begegnung ist, sondern auch das seine dazu beiträgt? Denn tatsächlich befindet ihr euch nicht unter diesem Baum, sondern mitten in ihm, nämlich in seinem Energiefeld und damit in seiner Atmosphäre, die angefüllt ist mit der Stimmung seines Seins. Auch ein Baum hat eine Stimmung – die für ihn charakteristische Grundstimmung und, mehr an der Oberfläche, Stimmungen, die sich mit den Jahreszeiten, dem Wetter und sonstigen äußeren Faktoren ändern. Ihr könnt das unschwer feststellen, wenn ihr euch einmal bewusst in die Präsenz eines Baumes hineinbegebt und darauf achtet, was ihr fühlt und wie sich eure Stimmung verändert.

In der Welt der materiellen Perspektive begegnet ihr einander oder auch nicht. In der feineren Welt, die sich dahinter verbirgt, in der Welt der Energie und des Geistes durchdringt, durchstreift, berührt ihr alles andere und werdet von allem anderen durchdrungen, durchstreift und berührt – zu jeder Zeit, aber in unterschiedlicher Intensität. Dieses Durchstreifen und Durchdringen ist ein Tanz von ungeheurer Anmut und Lebendigkeit. Könntet ihr ihn wahrnehmen, wärt ihr ständig von Entzücken erfüllt. Zunächst würdet ihr euch fürchten, hättet Angst, von dem, was euch durchdringt, verletzt, angesteckt oder gar zerstört zu werden. Bei einiger Vertrautheit mit dieser Perspektive würdet ihr jedoch feststellen, dass ihr unzerstörbar seid; dass das, was ihr seid, immer da und immer heil bleibt, ganz gleich, wem oder was ihr in dieser intimen Weise begegnet. Selbst wenn die Partikel eurer feinstofflichen Körper in alle Himmelsrichtungen zerstieben würden, ihr selber wäret immer noch vorhanden – ganz, heil, ungebrochen und unverkennbar ihr selbst.

Das scheinbar feste Haus eures Körpers gibt euch eine Art Schutz vor dem Eindringen fremder Energien. Es schenkt euch eine Perspektive, aus der heraus ihr sagen könnt: Hier bin ich, dort bist du, und dazwischen gibt es eine Distanz und eine

Barriere – mein Körper, meine Haut, meine Grenze. Dies ist jedoch nur eine Dimension beziehungsweise Perspektive der Realität. Die andere, eben beschriebene, existiert gleichzeitig und ist ebenso gültig und real. Während eure Körper voneinander Distanz halten, überlappen sich eure Energiefelder, und ein subtiler Austausch findet statt, ob ihr es wünscht oder nicht. Aber keine Angst: Von der Energie, der gefühlsmäßigen und geistigen Atmosphäre des anderen, verbleibt nur der Teil bei euch, der eine Entsprechung in euch selber hat. Nichts, was nicht zu euch gehört, kann bei euch verbleiben. Was euch wesensfremd ist, mag euch durchstreifen, berühren, verbleibt aber nicht bei euch, kann euch also nicht schädigen.

Fremde Emotionen mögen in euer Energiefeld eindringen und kurzfristig eine Veränderung der Schwingung erzeugen. Wenn sie jedoch nichts mit euch zu tun haben, wird das Echo dieser Gefühle bald verklingen. Ist dies nicht der Fall, müsst ihr davon ausgehen, dass das »eingefangene« Gefühl in Resonanz mit einem eigenen Gefühl ist, sprich: gleich oder ähnlich schwingt wie ein eigenes Gefühl. Betrachtet Vorfälle dieser Art als Gelegenheit, euch eurer eigenen verborgenen Gefühle bewusst zu werden.

Personen, die dir unsympathisch sind oder vor denen du dich ekelst, wecken eine Erinnerung in dir. Gelegentlich ist es eine Information, die von aktuellem Belang für dich ist, etwa im Sinne einer Warnung. Meist aber steckt dahinter eine Erinnerung an Vorfälle, die für dich schmerzlich oder unangenehm waren und mit denen weder die Person, die diese Erinnerung auslöst, noch die aktuelle Situation etwas zu tun hat.

Nun, Personen, die dir unangenehm sind, berühren dich gerade deshalb. Je mehr du dich darauf versteifst, nichts mit ihnen zu tun haben zu wollen, desto mehr hast du mit ihnen zu tun. Nur wenn du eine neutrale Einstellung ihnen gegenüber hast, hast du nichts mit ihnen zu tun. Indem du deine Abneigung, deine Angst oder deinen Ekel bewusst fühlst, schützt du dich vor dem Eindringen jener Energien, mit denen du lieber nichts zu tun haben möchtest. Wenn du deine Abneigung oder Angst jedoch nicht bewusst fühlst, sondern dich von ihr beherrschen lässt, kommst du gerade durch sie in Kontakt mit dem Gefürchteten.

Abneigung hat immer mit dir selber zu tun, niemals mit dem, dem sie gilt. Öffne dein Herz für deine Abneigung und für die Angst, die dahintersteckt, und du wirst sehen, dass du keinen Grund hast, dich vor der anderen Person zu verschließen oder vor ihr davonzulaufen.

Fühlen findet an der Schnittstelle zwischen geistiger, energetischer und körperlicher Realität statt. Wenn wir wieder fühlen lernen möchten, müssen wir unserer Aufmerksamkeit eine andere Richtung geben und es eine Weile üben.

Es fängt an mit dem Atem. Spüren Sie Ihren Atem? Jetzt? Ich meine nicht, dass Sie tiefer oder besser atmen sollen, sondern nur, dass Sie Ihren Atem spüren sollen. Wenn Sie Ihren Atem spüren, ist Ihre Aufmerksamkeit dort, wo Ihr Körper ist (und nicht in der Welt der Gedanken). Wenn Sie Ihren Atem nicht spüren, sind Sie nicht präsent.

Der Atem bringt uns zu dem Ort, an dem wir fühlen, zu unserem Körper.

Das Fühlen selber ist keine körperliche Realität, sondern eine seelische. Das Erkennen und Benennen des Gefühls ist eine geistige Realität. Aber der Ort, an dem das Fühlen stattfindet, ist der Körper.

Fühlen Sie Ihren Atem immer noch?

Spüren Sie Ihren Körper?

Fühlen Sie sich?

Sie können »sich« nicht fühlen, weil Sie nicht das Objekt Ihres Fühlens sein können. Sie sind es ja selber. Aber Sie können Ihre Wahrnehmung in Richtung auf dieses Selbst lenken, können »zu sich kommen«, wie man sagt, und wahrnehmen, *wie* Sie sich fühlen. Wie fühlen Sie sich in diesem Augenblick? Wie fühlen Sie sich, wenn Sie sich die Situation bewusst machen, in der Sie sich gerade befinden? Oder mit der Sie sich ständig in Gedanken beschäftigen?

Wenn Sie es wirklich fühlen möchten, müssen Sie Ihren Atem spüren und in Ihrem Körper anwesend sein.

Wir können Gefühle haben oder sie fühlen. Das ist ein himmelweiter Unterschied. »Habe« ich das Gefühl, beispielsweise Zorn, so hat es in Wirklichkeit mich. Es besetzt mich, beherrscht mein Denken, mein Handeln, mein Sprechen, hält meinen Körper in seiner Spannung gefangen. Fühle ich es jedoch bewusst – in meinem Körper, mitten in der Spannung, die es dort erzeugt –, so wandelt sich das Gefühl von etwas, das mich beherrscht, zu etwas, das ich fühle und dem ich mein Herz öffnen kann. Auf diese Weise befreie ich Körper und Geist von der Spannung, in der das Gefühl und die Gedanken, die es erzeugen, mich gehalten haben.

Fühlend trete ich in Beziehung mit den Teilen meiner selbst, die ich in jungen Jahren abgespalten, aus meinem »Ich« hinausgeworfen habe, und hole sie heim zu mir. Es gibt kaum ein schöneres Erlebnis von Intimität, als einem lange verdrängten Gefühl endlich sein Herz zu öffnen.

Eingekehrt in meinen Körper,
fühle ich mich,
als erlebte ich zum ersten Mal,
wie es ist,

sich in einem Körper zu fühlen.
Fühlend durchdringe ich alle Zellen meines lebendigen Körpers mit mir,
berühre, durchstreife, durchstreichle, erfülle sie
mit meinem Atem
und indem ich sie fühle
mit mir selbst.
Und ich fühle die Freude dieses Körpers an meiner Gegenwart,
fühle, wie er sich dankbar meinem Atem entgegen weitet,
wie er sich dem Licht meiner Aufmerksamkeit öffnet
und zu neuem Leben erwacht.
In seinen Verhärtungen berühre ich meine Ängste,
die ich dort vor mir selber versteckt hielt.
Ich erbarme mich ihrer, lasse sie hervortreten,
ihnen die Achtung und das Verständnis erweisend,
die ich ihnen so lange vorenthalten habe.
Die Erleichterung lockert die Anspannung in meinen armen Schultern,
die mich nun noch den Schmerz fühlen lassen,
den die Anstrengung ständiger ängstlicher Spannung
ihnen bereitet hat.
Ich fühle, wie weh es tut, sich Tag und Nacht anzustrengen aus lauter Angst,
das Falsche zu tun.
Wie gut es tut, diese Angst endlich zu fühlen.
Wie dankbar strömt sie hervor aus den verkrampften Muskeln,
in die ausgebreiteten Arme meines Herzens hinein.
Wie gut es tut, diesen Schmerz zu fühlen.
Nun, da ich ihn fühle, quält er mich nicht mehr,
sondern füllt mein Herz mit Erbarmen
und staunendem Respekt
für mich, die ich all diesen Schmerz und diese Anstrengung

auf mich genommen habe,
um stets das Richtige zu tun.
Und ich fühle meinen Schmerz und fühle meine Angst
und fühle das Erbarmen und die Achtung meines Herzens.
Und hier, in meinem wissenden, fühlenden Herzen,
haben »richtig« und »falsch« keinen Bestand.

Die Heimkehr in die Welt der Intimität beginnt damit, dass wir wieder fühlen lernen.

Spüren Sie Ihren Atem? Jetzt, in diesem Augenblick?

Wie fühlen Sie sich in Ihrem Körper?

Wie fühlen Sie sich mit der Situation, in der Sie sich gerade befinden?

Oder die Ihre Gedanken beschäftigt?

Können Sie dieses Gefühl nicht nur benennen, sondern auch fühlen?

Wo sitzt es in Ihrem Körper? Wie fühlt es sich an?

Was braucht es von Ihrem Herzen?

Von der Welt des Fühlens schotten wir uns ab durch eine fast undurchdringliche Mauer aus Gedanken. Die Art, wie wir denken, erzeugt wiederum Gefühle in uns. Doch das sind Gefühle, die mit der Realität nichts zu tun haben. Da wir diese Gefühle nicht fühlen, sondern nur haben, beeinflussen sie, ohne dass wir es merken, unser Denken und erzeugen weitere Gefühle. Auf diese Weise entfernen wir uns immer weiter von unseren Mitmenschen und der Realität. Gefangen in der Blase unserer Gedanken, verschließen wir uns vor der Wunderwelt des Fühlens, und das eigentliche Leben entgeht uns.

Fühlen!
Ist es nicht dafür, dass ich herkam?
Ist das nicht das Berauschende daran,
ein Mensch zu sein?
Den flammenden Zorn zu fühlen,
das Schmelzen der Liebe,
das Zittern der Angst
und den Tanz der Freude.
Mitleid und Demut, Zuneigung und Zärtlichkeit,
Wut, Hass und Ärger,
Eifersucht und Neid,
Begeisterung und Langeweile,
Bewunderung und Verehrung –
so viele Regungen, so viele Farben, so viele Arten von Gefühl.
Aber es gibt noch mehr zu fühlen in dieser wundersamen Welt.
Es gibt Frieden zu fühlen und Ruhe.
Es gibt Eifer zu fühlen und Aufregung,
Wiedererkennen und Dankbarkeit.
Es gibt Härte und Weichheit, Weite und Enge,
Kraft und Entspannung,
Lebensfreude und Erschöpfung.
Und es gibt Baum-Sein zu fühlen, anders als Menschengefühle
und doch fühlbar für uns;
die Ekstase des Vogels, der mit ausgebreiteten Schwingen
in der Morgenröte über den Wäldern schwebt;
die unbändige Lebensfreude der jungen Tiere.
Es gibt Hunger zu fühlen und Sehnsucht,
Sättigung und Erfüllung,
Reichtum und Elend,
und es gibt Staunen und Ehrfurcht, Andacht und Lobgesang.
Alles, was lebt, fühlt
und lässt sich fühlen in mir.

Praktische Anregungen zu diesem Kapitel

- Durchwandern Sie die Räume Ihrer Wohnung oder verschiedene andere Räume. Verharren Sie in jedem Raum, den Sie betreten, mit geschlossenen Augen und konzentrieren Sie sich ganz aufs Fühlen. Verzichten Sie darauf, zu benennen und zu untersuchen, was genau Sie fühlen. Fühlen Sie einfach und wandern Sie dann weiter in den nächsten Raum. Schließen Sie auch dort die Augen und fühlen Sie. Merken Sie einen Unterschied? Fühlt es sich anders an, sich in diesem Raum aufzuhalten als in dem Raum, in dem Sie zuvor waren?
- Dies können Sie üben, wenn Sie mit mehreren Freunden zusammen sind: Treten Sie jeweils einer Person gegenüber und schließen Sie die Augen. Achten Sie darauf, wie es sich anfühlt, sich in der Gegenwart dieser Person zu befinden. Gehen Sie dann zur nächsten Person und schließen Sie wieder die Augen. Fühlt sich das anders an? Sie können einander Ihre Empfindungen mitteilen oder auch nicht. Entscheidend ist, dass Sie diese Übung mit mehreren Personen hintereinander durchführen. Erst durch den Unterschied werden Sie darauf aufmerksam, dass Sie die Gegenwart der Person irgendwie fühlen, auch wenn Sie die betreffenden Menschen weder hören noch sehen.
- Spüren Sie Ihren Atem!

Herz öffnen und Intimität

Nur ein Gewahrsein deiner Gefühle kann dein Herz öffnen.

Gary Zukav: Der Sitz der Seele

Das Herz ist der fühlende Kern unseres Wesens. Ob ich in der Welt der Intimität lebe oder in der Abgesondertheit der Ich-Es-Beziehung, ist davon abhängig, ob mein Herz beteiligt ist oder nicht. Wenn ich nicht mit dem Herzen dabei bin, bin ich eigentlich überhaupt nicht dabei, sprich: nicht in Kontakt mit der Realität. Leider leben die meisten von uns so, dass sie weder bei ihrer Arbeit noch in ihren privaten Beziehungen »mit dem Herzen dabei« sind. Das heißt, sie tun, was sie tun müssen oder meinen tun zu müssen, haben sich aber innerlich davon distanziert. Sie fühlen nicht, was es mit ihnen macht, so zu leben. Ihre Sehnsucht nach einem anderen Leben nehmen sie nicht wahr. Sie haben keine wie auch immer geartete Beziehung zu dem, was sie tun.

Wenn wir so leben, entsteht, bildlich gesprochen, eine Distanz zwischen unserem Herzen – als dem fühlenden Kern unseres Wesens – und unserer Arbeit, unserer Ehe oder womit sonst unser Leben gefüllt ist. In diesem Hohlraum herrscht ein beängstigendes Gefühl, wenn man sich überhaupt traut, dort einmal hineinzufühlen: ein Gefühl von Abgeschnittensein, Sinnlosigkeit oder Leere.

Wenn man nicht – durch körperzentrierte Herzensarbeit oder ähnliche Bewusstseinstechniken – gelernt hat, Gefühle als solche wahrzunehmen, verwechselt man sie mit Tatsachen und fürchtet sich vor ihnen. Man traut sich dann nicht, in diesen inneren Abgrund hineinzuschauen. Man bemüht sich, ihn zu überdecken – entweder indem man dem, was man tut, einen Sinn aufschminkt, der nicht echt ist, oder indem man sich ununterbrochen ablenkt, so dass man keine Gelegenheit hat, in diesen beängstigenden Leerraum zu fallen. Man füllt die Zeit bis zum Einschlafen aus – mit Fernsehen, Lektüre, Ausgehen, Tanzen, Musik, Unterhaltung, mit was auch immer – und stürzt sich gleich nach dem Aufwachen wieder in Aktivität. Auf dem Weg zur Arbeit hört man Radio, wenn man mit dem Auto fährt, oder liest Zeitung, wenn man in der Bahn sitzt. Oder man telefoniert. Schickt SMS. Und so fort.

Sobald man jedoch entdeckt oder gelernt hat, dass ein Gefühl ein Gefühl ist und keine Tatsache und dass an einem Gefühl nichts Beängstigendes ist, solange man sich nicht damit identifiziert, sondern es bewusst fühlt, kann man sich leisten, einmal mit der Ablenkung aufzuhören und sich das anzuschauen, wovon man sich die ganze Zeit abgelenkt hat. Es ist nur ein Gefühl. Man kann es fühlen. Es bringt einen nicht um.

Hier ist mein Herz –
der Ort meiner wahren Sehnsucht,
meines inneren Lebens,
meiner selbst –
und dort ist das, womit ich mein Leben fülle.
Klafft dazwischen ein Loch?
Was, wenn ich mich sehenden Auges in dieses Loch begebe,
um es kennenzulernen?
Wie fühle ich mich darin?
Trostlos? Abgeschnitten? Unerfüllt? Aussichtslos?

Enttäuscht? Verbittert?
Nicht einverstanden mit dem Leben, wie es ist?
Oder ist dort einfach eine Leere?
Was immer es ist, es ist ein Gefühl.
Ich kann es fühlen.
Ich kann mein Herz dafür öffnen.
Ich kann ihm endlich geben,
was es längst von mir gebraucht hätte:
dass ich es wahrnehme, sehe, beachte und achte,
dass ich es anerkenne und ihm erlaube, da zu sein,
dass ich es verstehe.
Wissend, dass es ein Gefühl ist,
kann ich mich seiner erbarmen und es fühlen.
Glaubend, es handle sich um eine Tatsache,
muss ich mich davor verschließen.

Öffne ich mein Herz einem meiner Gefühle, so kehre ich augenblicklich in die Intimität zurück. In diesem Augenblick bin ich nicht mehr die, die das Gefühl erleidet; sondern die, die ihr Herz dafür öffnet. Hier entsteht eine Intimität zwischen mir und mir, die sich anfühlt wie eine Heimkehr zu mir selber.

Indem ich den Zwischenraum zwischen meinem oberflächlichen Tun und den tieferen Bestrebungen meines Herzens fühle, überbrücke ich die Distanz, die dazwischen herrschte, und mein Herz kann wieder mit meinem Tun in Kontakt kommen. Was nicht unbedingt heißt, dass es Ja dazu sagen muss. Es kann ebenso gut bedeuten, dass ich nun endlich meine Abneigung, die die ganze Zeit vorhanden war, oder mein Gefühl von Sinnlosigkeit bewusst wahrnehme. Verdränge ich ein negatives Gefühl, das ich einer Person oder Arbeit oder Angelegenheit gegenüber habe, so entferne ich mich durch eben dieses Verdrängen aus der Beziehung. Höre ich auf, mein negatives Gefühl zu verdrängen, und nehme es bewusst wahr, kann ich mitsamt diesem meinem Gefühl wieder in die Beziehung eintreten.

Ich öffne mein Herz,
indem ich entdecke, dass etwas, das ich für eine Tatsache hielt,
in Wahrheit ein Gefühl ist,
und es fühle.
Mit meinem Atem berühre ich es,
belebe es mit meiner Aufmerksamkeit,
spüre es auf an dem Ort in meinem Körper,
wo es sich niedergelassen hat.
Indem ich es fühle,
erbarme ich mich seiner.
Indem ich es fühle,
verstehe ich es, achte ich es,
erlaube ich ihm zu sein, wie es ist.
Ich erkenne es an
und gebe ihm Raum.
Auf diese Weise öffnet sich mein Herz
dem, was ich fühle.

Wenn ich mit dem Herzen dabei bin, schöpfe ich aus meinem inneren Kraftquell. Erschöpfung wandelt sich in Energie, Lustlosigkeit in Freude, Langeweile in Interesse.

Auch in unseren Liebesbeziehungen sind wir keineswegs immer mit dem Herzen dabei. Es gibt allzu viele Sehnsüchte, die wir verdrängen, weil wir meinen, sie seien mit der Beziehung nicht kompatibel. Und überall, wo wir eine Sehnsucht opfern, um in »Beziehung« zu sein, opfern wir in Wirklichkeit ein Stück Beziehung. Die Lösung besteht nicht unbedingt darin, den rebellischen Wunsch zu verwirklichen und die Beziehung aufs Spiel zu setzen; sondern darin, ihm sein Herz zu öffnen, statt ihn zu verdrängen.

Opfere ich beispielsweise mein Freiheitsstreben der Geborgenheit in einer festen Beziehung, werde ich nicht umhin können, dem Menschen, in dessen (vermeintlichem) Interesse ich dieses Opfer bringe, mein Herz zu verschließen, jedenfalls das Stück Herz, in dem diese Sehnsucht wohnt. Die gute Alternative besteht nicht darin, diese Sehnsucht rücksichtslos zu verwirklichen und sich seine Freiheit einfach zu nehmen, ganz gleich, wie der Partner das findet. Mal abgesehen davon, dass irgendeine Angst uns daran hindern wird, wäre es auch schlicht egoistisch und würde weder meinen Partner noch meine Liebe zu ihm einbeziehen. Die gute Alternative besteht darin, sein Herz für die Sehnsucht zu öffnen, indem man sie fühlt, anstatt sie nur zu haben, und zu prüfen, was sie vom Herzen braucht: Anerkennung? Erlaubnis? Achtung? Raum? Oder »Für möglich gehalten werden«?[16] Hat man auf diese Weise sein Herz für die Sehnsucht nach Freiheit – in unserem Beispiel – geöffnet, kann man es auch für den inneren Gegenspieler öffnen, in diesem Fall die Sehnsucht nach Geborgenheit. Auf diese Weise beendet man den inneren Konflikt. Beide Gefühle haben Platz im Herzen, wo sie anerkannt und respektiert werden, und auf einmal merkt man, dass es nicht darum geht, zwischen zwei einander ausschließenden Realitäten zu wählen, sondern innerlich zu seinen Gefühlen zu stehen. Nun ist man in der Lage, sein Herz auch für den Partner zu öffnen, für den man meinte, seine Freiheit opfern zu müssen. Anstatt ihn weiterhin mit seinen emotionalen Ängsten und Bedürfnissen zu identifizieren – oder mit jenen, die man in ihn hineinprojiziert –, öffnet man sich seinen Gefühlen, denen man nun dieselbe Achtung und Anerkennung entgegenbringen kann wie den eigenen Gefühlen, ohne ihn jedoch darauf zu reduzieren und ohne sich die Verantwortung für seine Gefühle aufzubürden.

Nun steht man in der Wahrheit – hört auf, Gefühle mit Tatsachen zu verwechseln und die eigenen Gefühle mit denen des Partners zu vermengen. Dann ergibt sich das richtige Handeln, das von Herzen kommt, wie von selbst.

Wach auf, mein Herz.
Zu lange hast du unter der schummrigen Geborgenheit
meines Alltagslebens, meiner Alltagsbeziehung,
meiner lauwarmen Kompromisse geschlafen.
Wach auf, mein Herz,
es ist höchste Zeit.
Wir haben nicht mehr allzu viel Leben zu vertun.
Das meiste ist schon vergeudet.
Meine wahre Sehnsucht habe ich so tief in dir versteckt,
dass nur du noch weißt, wo sie zu finden ist.
Wach auf, mein Herz,
und wecke mich, wie du es früher manchmal tatest.
Erinnere mich, erschüttere mich, zerbrich die Mauern,
die ich um dich herum gezogen habe.
Lass nicht zu, dass ich dich mit meinen Ängsten ersticke.
Brich dir den Weg, notfalls mit Gewalt,
durch das Gestrüpp meiner angstvollen Gedanken,
meiner angstvollen Gewohnheiten.
Wach auf, mein Herz, und wecke mich.
Lass wahre Liebe
meine furchtsamen Gefühle hinwegschwemmen.

Sein Herz zu öffnen bedeutet aber noch weit mehr. Das Herz ist nicht nur der fühlende Kern unseres Wesens. Es ist auch der Ort, an dem wir mit dem fühlenden Kern anderer Wesen Kontakt aufnehmen können. Wir können ihre Gefühle in unserem eigenen Herzen wahrnehmen, ohne sie für unsere eigenen zu halten, vorausgesetzt, unser Herz ist offen und unsere Bewusstheit eingeschaltet. Ob mein Herz offen oder verschlossen ist, entscheidet ganz maßgeblich darüber, ob ich mich im Zustand der Intimität befinde oder im isolierten, beziehungslosen Zustand. Die Methode der *körperzentrierten Herzensarbeit*, die ich an einigen Stellen dieses Buches kurz skizziert habe, ist ein wunderbares Instrument, sein Herz zu öffnen. Wie bereits erwähnt, habe ich sie in einigen anderen Büchern detailliert dargestellt.[17] Ich gebe sie deshalb in den folgenden »praktischen Anregungen« nur kurz wieder.

Praktische Anregungen zu diesem Kapitel

- Das eigene Leben scannen: In welchen Bereichen meines Lebens bin ich mit dem Herzen dabei? In welchen nicht? Und wie fühle ich mich mit diesen Bereichen? Öffnen Sie diesen Gefühlen Ihr Herz.
- Welche Sehnsucht vernachlässige oder begrabe ich? Wie fühlt diese Sehnsucht sich an, was braucht sie von meinem Herzen?
- Welche Sehnsucht ist unter meinen Problemen verborgen?

Kurzbeschreibung der körperzentrierten Herzensarbeit:

1. Denken Sie an das Problem, das Sie derzeit am meisten beschäftigt.

2. Beobachten Sie, wie Ihr Körper auf die Problemgedanken reagiert.
3. Konzentrieren Sie Ihre Aufmerksamkeit auf die Körperstelle, die am deutlichsten mit einem Symptom (zum Beispiel Verspannung) reagiert. Lernen Sie diesen Körperzustand aufmerksam kennen. Nicht interpretieren, nur bewusst erleben. Spüren Sie Ihren Atem dabei.
4. Machen Sie sich klar, dass dieser Körperzustand nicht der Zustand Ihres Körpers ist, sondern Ihr eigener – Ihr Gefühl, das sich körperlich ausdrückt. Fragen Sie sich, welches Gefühl das ist. Achten Sie darauf, wie Sie sich fühlen, während Sie in dieser Körperstelle anwesend sind und Ihren Atem spüren.
5. Konzentrieren Sie sich nun darauf, dieses Gefühl kennenzulernen. Identifizieren Sie sich nicht damit. Erforschen Sie es, erleben Sie es bewusst.
6. Öffnen Sie diesem Gefühl Ihr Herz, indem Sie sich fragen, was es von Ihnen braucht, und dabei folgende Schlüsselworte ausprobieren: Wahrgenommen werden? Anerkennung (dass es da ist)? Erlaubnis (da sein zu dürfen)? Verständnis? Achtung? Mitgefühl? Erbarmen? Raum? (Für das Gefühl Sehnsucht gibt es noch einen weiteren Herzensschlüssel: Für möglich gehalten werden?)
7. Nehmen Sie sich für die Zukunft vor, dieses Gefühl, wenn es wieder auftaucht, bewusst wahrzunehmen (statt es wie bisher zu verdrängen, zu bekämpfen oder zu überspielen).
8. Wenn Sie es wünschen oder bei Bedarf können Sie tiefer gehen und sich auch noch die anderen Gefühle anschauen, die dieses Gefühl begleiten oder unter ihm verborgen sind.

9. Halten Sie immer auch nach der Sehnsucht Ausschau, die sich unter all dem versteckt, und öffnen Sie Ihr Herz für diese Sehnsucht.
10. Behandeln Sie positive oder neutrale Gefühle genau wie die negativen: bewusst wahrnehmen und prüfen, was Sie von Ihrem Herzen brauchen. (Raum? Anerkennung? Da sein dürfen? Wahrgenommen werden? Gefühlt werden?)

Sexualität – Hoch-Zeit der Intimität oder Gipfel der Entfremdung?

Intimität ist eine heilige Erfahrung.

John O'Donohue: Anam Cara

Nun wird es spannend, denn hier kommen wir auf das Thema zu sprechen, das einige in einem Buch mit dem Titel »Intimität« vielleicht ursprünglich erwartet hatten. Und tatsächlich soll dieses Thema hier nicht zu kurz kommen, denn Sexualität ist ein Fest der Intimität. In keinem Bereich, außer der Mutter-Kind-Beziehung (auf die wir noch zu sprechen kommen) ist eine so umfassende Intimität möglich. Zwar kann es in rein spirituellen Beziehungen eine noch tiefere Intimität geben, etwa zwischen Lehrer und Schüler oder geistigem Wegbegleiter und Praktizierendem. Diese Intimität findet jedoch nur auf geistig-seelischen Ebenen statt, nicht auf der körperlichen und emotionalen (oder jedenfalls sollte es so sein).

Sexualität ist in einem viel umfassenderen Sinne ein Fest der Intimität. Es ist das *ursprüngliche* Fest der Intimität. Wenn Sie sich vorstellen, dass die ursprüngliche Einheit nicht sofort in eine unendliche Vielfalt explodiert ist, sondern sich erst einmal in zwei gespalten hat – in Yin und Yang, Negativ und Positiv, Weibliches und Männliches –, dann ist Sexualität der Ausdruck der ursprünglichen Teilung und gleichzeitig der ursprünglichen Intimität zwischen »Ich«

und »Du«, wobei jedes von beiden »Ich« und »Du« zugleich ist. Welch ein Wunder, meinem Du in einem polar entgegengesetzten Körper zu begegnen. Welch eine Wonne, meine andere Hälfte wiederzufinden als etwas, das ich sehen und berühren kann und das ein eigenständiges Wesen ist, ganz anders als die Hälfte, die mir als Ich bewusst ist. Ist das nicht eigentlich Sexualität? Sexualität ist aber noch viel mehr als Sex. Letztendlich sind alle Vorgänge innerhalb der Schöpfung sexuell, denn in allem, was geschieht, gibt es eine Begegnung und Wechselbeziehung zwischen Yin und Yang. Man könnte sagen, dass alles, was innerhalb der Schöpfung geschieht, eine intime sexuelle Begegnung ist.

Doch kommen wir zurück auf den simplen Akt menschlicher Sexualität. Die sexuelle Beziehung scheint uns die intimste Begegnung zu sein, die zwischen Mensch und Mensch möglich ist. Wobei wir unter »Intimität« in der allgemeinen, oberflächlichen Betrachtungsweise verstehen, dass wir das zu Gesicht bekommen, was unter der Kleidung verborgen ist. Aber ob eine Begegnung »intim« wird oder nicht, hängt weniger davon ab, wie viel wir von unserem Körper sehen lassen, als vielmehr davon, wie viel wir von unserem Innersten preisgeben. Ob wir bereit sind, etwas von unserem intimsten, geheimsten, inneren Erleben mit einem anderen Menschen zu teilen.

Diese echte Intimität kann sich in der Begegnung mit einem völlig Fremden genauso einstellen wie mit einem sehr vertrauten Menschen. Es spielt keine Rolle, ob es sich um einen One-Night-Stand oder den Vollzug ehelicher Pflichten beziehungsweise Freuden handelt. Im Gegenteil, manchmal fällt es uns leichter, unser Innerstes vor einem Fremden zu entblößen, als vor dem vertrauten Gefährten. Auf der anderen Seite ist eine in vielen Jahren gemeinsamen Erlebens und in der stetigen Bereitschaft, einander trotz aller Ängste und Verletzungen immer wieder sein Herz zu öffnen, gewachsene Intimität etwas ungeheuer Kostbares. Hier wird eine Nähe, eine Tiefe der Begegnung möglich, wie sie eben nur in verbindlichen Beziehungen entstehen kann.

Dich mein Verlangen fühlen zu lassen,
macht mich verletzbar, verwundbar,
zeigt mich dort, wo ich arm, wo ich hungrig bin.
Erwiderst du es, indem auch du dich nackt zeigst
in deinem Verlangen, deiner Lust,
deinem Schmerz, deiner Angst,
in deiner Verwundung durch die Liebe,
verwandelt sich mein Verlangen in Lust
und Hunger in Wonne.

Berührung kann Begegnung sein oder auch nicht. Ich kann deine Haut berühren aus einer Anwandlung von Verlangen oder Zärtlichkeit heraus, jedoch ohne mit dir in Kontakt zu treten. Dann ist meine Berührung nichts als ein Versuch, mein eigenes Gelüst zu befriedigen. Möglicherweise weckt sie in dir ein Wohlgefühl oder ein Verlangen, aus dem heraus du ebenfalls aktiv wirst. Doch auch dies ist vielleicht nichts weiter als der Versuch, dein eigenes Verlangen zu befriedigen. Und so tauschen wir Berührungen aus, ohne einander zu berühren. Und selbst wenn wir »gemeinsam kommen«, kommen wir nicht zueinander.

Meine Hand kann jedoch, deine Haut liebkosend, dich ansprechen, dich meinen, dich fragen und deine Antwort fühlen und diese erwidern. So wird aus der Berührung ein Fest der Intimität.

Kommentar von einer höheren Ebene des Bewusstseins

Unser innerstes Wesen liebt es, sich selber in einem anderen Wesen zu begegnen. Es hat an nichts so viel Freude wie an der Intimität der Begegnung. Berühre das Du im anderen, und du versetzt deine eigene Seele in Schwingung, und ihre Wonne wird eure Lust durchströmen und euch eine Erfüllung schenken, die im seelenlosen Akt nicht zu erreichen ist. Trachtet nicht danach, Befriedigung zu erlangen, sondern eure Lust zu teilen. Indem ihr sie teilt, vermehrt sie sich, wird schöpferisch, eröffnet euch immer neue Möglichkeiten der Begegnung, des Austauschs, der gegenseitigen Entdeckung und des gemeinsamen Erlebens.

Wie in jeder anderen Beziehung besteht auch hier der entscheidende Unterschied darin, ob mein Partner beim Sex für mich ein »Du« ist oder ein »Er« beziehungsweise eine »Sie«.

Und nun ist es an der Zeit, diese ungeheuer wichtige Unterscheidung – Ich-Es oder Ich-Du – näher zu erläutern.

Ich und Du

Den Menschen, zu dem ich Du sage, erfahre ich nicht.
Aber ich stehe in der Beziehung zu ihm, im heiligen Grundwort.
Erst wenn ich daraus trete, erfahre ich ihn wieder.

Martin Buber: Ich und Du

Ich und Du halte ich für eines der schönsten und wichtigsten Werke des 20. Jahrhunderts. Der Österreicher Martin Buber – Philosoph und chassidischer Weiser[18] – verfasste es in den 1950er-Jahren.

Buber legt in diesem, seinem wohl bekanntesten Werk dar, dass es zwei grundlegend verschiedene Arten gibt, mit der Welt in Beziehung zu treten. Die eine nannte er »Ich-Du«, die andere »Ich-Es« (wobei es statt »es« auch »er« oder »sie« heißen kann).

»Die Haltung des Menschen ist zwiefältig nach der Zwiefalt der Grundworte, die er sprechen kann. Die Grundworte sind nicht Einzelworte, sondern Wortpaare. Das eine Grundwort ist das Wortpaar Ich-Du. Das andere Grundwort ist das Wortpaar Ich-Es …«[19]

Im »Ich-Es«-Zustand gibt es auf der einen Seite mich und auf der anderen Seite »ihn«, »sie« oder »es« als Gegenstand meiner Wahrnehmung, meiner Gefühle, meiner Urteile, meiner Absichten. Der andere löst in mir Gefühle und Gedanken aus, hat jedoch selber weder mit diesen Gefühlen und Gedanken zu tun, noch ist er/sie darin einbezogen.

Ganz anders im »Ich-Du«-Zustand. Hier ist der andere nicht Gegenstand meiner Betrachtung oder meiner Gefühle, sondern ein Gegenüber, dem ich begegne und mit dem ich in Beziehung trete. Ein »Du« kann ich nicht erfahren. Ich kann es nur ansprechen und ihm antworten.

»Stehe ich einem Menschen als meinem Du gegenüber, spreche das Grundwort Ich-Du zu ihm, ist er kein Ding unter Dingen und nicht aus Dingen bestehend. (...) Sondern nachbarnlos und fugenlos ist er Du und füllt den Himmelskreis.«[20]

In manchen Regionen unserer Erde lebt man noch mehr in der Welt der Ich-Du-Beziehung, und wenn wir diese Gegenden bereisen, erstaunt und berührt uns die Art, wie die Menschen mit uns in Kontakt treten. Leider bricht mit dem Tourismus auch die flache, habgierige Welt des Ich-Es über diese Länder herein. Aber auch bei uns in Europa, beispielsweise vielerorts in Frankreich, wird man Gegenden finden, in denen man die, vor allem für uns Deutsche erstaunliche Erfahrung machen kann, freundlich und interessiert angesprochen statt, wie bei uns fast überall üblich, als »Er« oder »Sie« angeschaut und abgeschätzt zu werden.

»Ich-Du-Beziehung« muss übrigens nicht immer nur Freundlichkeit bedeuten. Auch in der Art, wie Menschen einander anschimpfen, können sie miteinander in Beziehung treten oder eben nicht. In unseren Fernsehdebatten erleben wir oft, wie zwei Politiker zwar anscheinend miteinander, aber tatsächlich über einander hinweg reden. Und jedem der Kontrahenten steht deutlich ins Gesicht geschrieben, dass der andere ein »Er« für ihn ist, den er idiotisch, lächerlich oder unverschämt findet, und kein »Du«.

Manchmal, wenn ich merke, dass ich über jemanden nachdenke, wechsle ich absichtlich in meinen Gedanken in den »Ich-Du«-Modus. Statt an »ihn« oder »sie« zu denken, spreche ich die Person in meinen Gedanken als »du« an.

Anstatt zum Beispiel grimmig zu denken »Das ist das letzte Mal, dass er mich auf diese Weise behandelt hat«, denke ich: »Das ist das letzte Mal, dass du mich auf diese Weise behandelt hast.« Und schon bin ich aus meiner selbstgefälligen Isolation heraus und mit dem Betreffenden in Beziehung getreten. Plötzlich kann ich nicht mehr bedenkenlos über ihn herziehen. Ein Du sprechen wir an, wir sprechen nicht darüber. Und schon ist das »Du« präsent, und wir treten mit ihm in eine Wechselbeziehung, auch wenn der andere körperlich nicht anwesend ist. In dem Moment, wo ich »Du« sage statt »Er/Sie/Es«, betrete ich heiligen Raum. Selbst wenn ich etwas Negatives kommuniziere, wie etwa »Ich habe eine Riesenwut auf dich«, befinde ich mich spürbar auf dem heiligen Boden der Beziehung. Der andere wird einbezogen. Ich bin in Kontakt, nicht mehr in meinen eigenen Gedanken gefangen.

Ich-Du ist Beziehung. Beziehung ist heiliger Boden.

Daraus besteht übrigens das Heilige, aus dem Ich-Du. Nicht ob ich nette oder unfreundliche Gedanken denke, macht mich heilig oder unheilig, sondern ob ich mit dem anderen in Beziehung trete, ihn als Du anspreche und ihm ein Du bin – oder ob er ein Er, eine Sie, ein Es für mich bleibt.

Ich-Du ist Intimität. Ich-Es ist Isolation. »Ich« existiere in der Blase meiner Abgetrenntheit, die ich für die Realität halte.

Ganz offensichtlich geraten wir heute mehr und mehr in den Ich-Es-Zustand. Fernsehen, Film, Zeitschriften und Videospiele verstärken und verfestigen diesen beziehungslosen Zustand noch. Wir haben heute die Möglichkeit, andere Menschen auf einem Fernsehbildschirm zu beobachten, während sie gerade etwas Furchtbares, Peinliches oder

Schönes erleben. Je mehr wir beobachten und je weniger wir in Beziehung treten, desto mehr geraten wir in den »Ich-Es-Zustand«, in dem andere Menschen ebenso wie Tiere, Pflanzen und sonstige Elemente unseres Universums für uns nichts sind als Gegenstand unserer Erfahrung, unserer Bewertung, Beobachtung, Ab- oder Zuneigung – Objekte, die uns stören, nützen, langweilen, die wir brauchen oder denen wir aus dem Weg gehen. Auf diese Weise leben wir in einer traurigen Welt, in der es eigentlich nur uns selber gibt. Aber auch uns gibt es, wenn wir so leben, nicht wirklich.

Denn wirklich – und das ist das Wichtigste an Martin Bubers Erkenntnissen in *Ich und Du* – bin ich nur angesichts eines Du. Isoliert in meiner Blase, in der außer »Ich« alles andere Objekt ist, bin auch »ich« nur eine Einbildung. Lebendig, wirklich (Hat »wirklich« nicht mit »wirkend« zu tun?) werde ich erst in der Begegnung, in der Beziehung. Ich werde am Du.

»Wir denken, wir schauen die Welt an«, sagte Franziskus von Assisi, »aber die Welt schaut auch uns an!« Wenn ich weiß, dass der Baum, den ich betrachte, auch mich wahrnimmt, beginne ich in Beziehung zu treten, und plötzlich wird der Baum ein Du. Und die ganze Welt wandelt sich. Plötzlich ist alles heiliger Boden, jedenfalls für den Augenblick, in dem ich das Du-Ich bin und nicht mehr das Es-Ich. Im Augenblick der Beziehung mit einem Du.

Vielleicht klingt dies alles ein wenig theoretisch; aber Buber war nicht einfach ein Philosoph, der sich den Kopf über die Welt und das Leben zerbrach. Er war ein Mystiker, und er lebte, was er erkannte und verkündete. Er war einer, der mit seinem ganzen Wesen auszog, der Welt, der Wahrheit, Gott und den Menschen zu begegnen. Um zu verstehen, was er meint, müssen wir dasselbe tun. Seine eigenwillige Sprache zwingt uns geradezu in die Beziehung. Man kann nur erfassen, was er meint, wenn man mit ganzem Wesen beteiligt ist.

»Das Grundwort Ich-Du kann nur mit dem ganzen Wesen gesprochen werden.«[21]

Ganz offenbar ist diese Ich-Du-Intimität etwas, das geschieht. Man kann sie nicht willentlich herstellen, und man kann sie nicht festhalten. Es ist – so Buber – unausweichlich, dass jedes Du wieder zu einem Es wird. Beziehung und Begegnung kann man nicht festhalten, nicht einzementieren. Das ist ja eben das Wesen der Begegnung.

Dennoch: Wir sehnen uns nach der Intimität der Ich-Du-Beziehung, sehnen uns danach, in diesen Zustand heimzukehren. Sonst schriebe ich nicht dieses Buch, und Sie läsen es nicht. Und jede Sehnsucht bahnt sich ihren Weg zum Ziel. Betrachten wir also, wie wir dieser Sehnsucht folgen können.

Ich und Du in der Sexualität

Wenn man der Sexualität mit Ehrfurcht begegnet,
kann sie eine Hilfe für eine tiefere spirituelle Vereinigung sein.

Joyce und Barry Vissell: Der gemeinsame Weg

Zurück zur Sexualität. Sie ist nur dann ein Fest der Intimität, wenn wir unserem Partner als »Du« gegenübertreten. Das ist jedoch längst nicht immer der Fall. Ebenso wie im Rest unseres Lebens hat auch in unserer Sexualität »Ich-Es« überhandgenommen. Unbewusst und automatisch betrachten wir unseren Partner als Objekt unseres Verlangens, unserer Wünsche, als Quell der Erfüllung unserer Bedürfnisse, Sehnsüchte und Erwartungen und versuchen so viel wie möglich von dem, was wir ersehnen, wünschen oder zu brauchen meinen, aus ihm herauszuholen. Im Gegenzug sind wir bereit, dies oder jenes für ihn zu tun oder auch nicht. Erfüllt er unsere Erwartungen nicht, beklagen wir uns über ihn im Stillen oder auch laut, manchmal auch Dritten gegenüber. Völlig unbewusst und selbstverständlich reduzieren wir unsere Partner auf die Funktion, die wir ihnen zuweisen. Und wir preisen uns glücklich, wenn sie diese Funktion erfüllen. Diese Sichtweise wird noch verstärkt und gezüchtet durch Spielfilme, Romane und fast alles, was in den Massenmedien über Liebe und Beziehungen publiziert wird.

Ihren Gipfel erreicht die Ich-Es-Einstellung in Kindesmissbrauch und Pornografie. Hier wird der andere ungeniert als Objekt betrachtet und behandelt oder missbraucht, und man findet eine gewisse Befriedigung gerade darin, nicht in Beziehung zu treten. Dahinter stecken natürlich psychologische Gründe, aber dies ist nicht das Forum, um näher darauf einzugehen.

Vollziehe ich innerlich den Wandel meiner Einstellung in den Ich-Du-Modus hinein, wandelt sich die Partnerbeziehung vollständig. Auf einmal umfassen meine Gedanken und Gefühle, umfasst meine Liebe oder mein Verlangen den anderen mitsamt seinen eigenen Gefühlen und Gedanken, beziehen ihn ein. Und plötzlich gibt es nichts mehr zu fordern oder zu erwarten und keinen Grund mehr, enttäuscht, frustriert oder sauer zu sein, wenn ich dies oder das nicht bekomme. Es gibt nur das Du, die Liebe und die Begegnung im gegenwärtigen Augenblick, so, wie sie eben ist.

Auf diese Weise entsteht Intimität, und in diesem ebenso wonnevollen wie heiligen Raum lasse ich die Erwartungen, Forderungen, Enttäuschungen, die Rechthaberei und die Ansprüche, an denen ich mich im Ich-Es-Zustand so gern festbeiße, ohne jede Mühe fallen und bin heilfroh, von ihnen befreit zu sein.

Lass mich,
wie ich im gegenwärtigen Augenblick bin,
dir begegnen, wie du im gegenwärtigen Augenblick bist.
Lass uns einander begegnen,
nackt und frei und wahr.
Lass unsere Lust und unsere Liebe
sich selber befreien,
sich selber entfalten,
sich selber vollenden.
Lass uns nichts hinzufügen
und nichts zurückhalten,

alles geben, alles nehmen,
wie es ist,
in diesem gegenwärtigen Augenblick.
Lass uns Schüler des Augenblicks sein.

Betrachte ich meinen Partner als etwas, das mir Erfüllung oder Befriedigung verschafft, und mache ihn auf diese Weise zum Objekt meines Verlangens, so macht mich der sexuelle Akt ärmer statt reicher. Auf der energetischen Ebene verliere ich Kraft, ohne dafür ein Äquivalent zu erhalten (denn damit der Energieaustausch stattfinden kann, müssen wir einander tatsächlich begegnen, das heißt, das Herz muss einbezogen werden, sonst bin ich hinterher leer statt erfüllt).[22] Auf der emotionalen Ebene ist eine Sehnsucht trotz sexueller »Befriedigung« nicht erfüllt worden. Es gibt nämlich ein bestimmtes Feuer, das nur entfacht wird, wenn eine echte Begegnung stattfindet. Dieses Feuer ist es, das Kraft und Begeisterung in uns weckt und einen Wandel bewirkt, so dass wir nicht nur erfüllt, sondern auch bereichert und verwandelt aus der Begegnung hervorgehen. Es ist dasselbe Feuer, das sich entzünden kann, wenn zwei Blicke sich treffen, wenn zwei sich in einem »Augen-Blick« begegnen und »Feuer fangen«. Wird aus diesem zündenden Augenblick eine Paarbeziehung, so muss dieses Feuer sorgfältig gehütet werden, damit es nicht erlöscht.

Wie man es hütet?

Leere Gesten vermeiden. Das sind Gesten, mit denen man eine Zuneigung, eine Lust oder sonst ein Gefühl ausdrückt, das im Augenblick nicht akut vorhanden ist.

Für ein gesundes Verhältnis zwischen Nähe und Entfernung sorgen. Ist Entfernung im räumlichen Sinne nicht möglich, kann man einander psychisch Entfernung gönnen – Raum geben, damit beide wenigstens innerlich auch einmal allein sein können. Und im umgekehrten Fall: Ist Nähe räumlich nicht möglich, kann man für Nähe sorgen, beispielsweise durch intime Telefonate oder Briefe (Brief schreiben ist für manchen, wenn auch nicht für jeden, ein intimerer Austausch als der per E-Mail oder Telefon).

Das Wichtigste aber, um das Feuer am Leben zu halten: Achten Sie darauf, dass es nicht von Emotionen gelöscht wird. Das Feuer, von dem hier die Rede ist, ist keine Emotion. Im Gegenteil, Emotion gefährdet es. Es ist weitaus reiner als Emotion. Nichts gegen Emotionen, aber sie haben nichts mit echter Begegnung zu tun. Emotionen sind gefühlsmäßige Regungen. Sie werden ausgelöst durch unsere Art, das Verhalten des anderen zu interpretieren. Sie haben ausschließlich mit uns selber zu tun, nichts mit unserem Gegenüber und meist auch nichts mit der gegenwärtigen Situation, sondern vielmehr mit unserer Vergangenheit. Das Feuer, von dem ich hier spreche, entzündet sich durch die unmittelbare Begegnung, jenseits aller Emotionen. Sobald sich Emotionen einblenden, bin ich aus dem Ich-Du-Kontakt hinausgefallen und wieder in der Blase meiner Ichbezogenheit gefangen. Aber kein Problem: Alles, was ich zu tun habe, ist, die Emotion bewusst zu fühlen statt ihr zu erliegen. Fühlen heißt, meinen Atem und meinen Körper zu spüren, während ich das Gefühl erlebe und ihm mein Herz öffne. Wenn ich dieses Gefühl nun meinem Partner mitteile, bürde ich ihm nicht etwa die Verantwortung dafür auf (und ersticke damit das Feuer), sondern gebe ihm Gelegenheit, mir sein Herz zu öffnen und mit mir zu fühlen, was uns wieder miteinander in Kontakt bringt. Anders ist es, wenn ich von der Emotion ergriffen oder beherrscht werde, ohne sie bewusst zu fühlen. Dann kann ich dieses gefühlsmäßige Erleben nicht teilen, weil ich es selber gar nicht erlebe. Vielmehr bürde ich es meinem Partner auf, und je nachdem, ob dieses Gefühl in ihm auf ein brenzliges Thema stößt oder einem seiner psychologischen Bedürfnisse entspricht, wird er auf seine eigene Weise darauf reagieren. Die nun in ihm geweckten Gefühle haben wiederum mit mir nichts zu tun. So bleibt jeder in seinem Gefängnis, und weder Begegnung noch Austausch findet statt.

Wenn dieses Feuer also hell auflodert, hüten Sie sich davor, in die Emotionen hineinzufallen, die dies in Ihnen auslöst. Bleiben Sie gegenwärtig, bleiben Sie im Ich-Du-Kontakt, in der Beziehung, in der Wahrheit des Augenblicks. Fühlen Sie die Emotion, aber verschwinden Sie nicht in den Gedanken, in denen sie sich ausdrückt. Bleiben Sie präsent. Sie schüren das Feuer durch wahrhaftige Begegnung und löschen es durch Emotionen.

Intimität in der Paarbeziehung

Die schöpferische Kraft der Liebe ist furchteinflößend!
Tiefe Liebe und Hingabe macht aus uns den Ton,
der in den Händen unseres Geliebten zur
Vollkommenheit geformt wird.

Joyce und Barry Vissell: Der gemeinsame Weg

Die Vorstellung, dem Du zu begegnen – »sich einzulassen«, wie man heute sagt –, kann beängstigend sein. Denn, wie Martin Buber sagt: »*Beziehung ist Gegenseitigkeit. Mein Du wirkt an mir, wie ich an ihm wirke.*«[23] Aus einer Beziehung gehe ich nicht unverändert hervor. Ich lasse etwas an mich heran, das möglicherweise gänzlich anders ist als ich. Und ich fürchte um das, womit ich mich identifiziere, um mein gewohntes »Ich-Sein«.

Jedoch, wie ich schon sagte, ist es ein himmelweiter Unterschied, ob ich ein Gefühl einfach nur habe und mich von ihm beherrschen lasse oder ob ich es fühle. Solange uns das Gefühl beherrscht, glauben wir unbewusst, das Gefürchtete sei eine Tatsache. Sobald wir aber entdecken, dass es ein Gefühl ist und keine Tatsache, fürchten wir uns nicht mehr davor. Es gibt viele Ängste, die uns echte Intimität meiden lassen: die Angst vor Vernichtung beispielsweise; die Angst, von einem fremden Willen beherrscht zu werden; die Angst, der Lächerlichkeit, Demütigung, Erniedrigung preisgegeben zu sein; die Angst vor Ablehnung; die Angst davor, entdecken zu müssen, wie wertlos, uninteressant, unattraktiv man ist; die Angst, bloßgestellt, verraten oder verlassen zu werden. All diese Ängste rühren aus traumatischen Erlebnissen der Vergangenheit, meist der Kindheit, her. Den Schmerz, den diese Erlebnisse in uns hinterließen, haben wir nie gefühlt, und ebenso wenig die Angst, die wir vor diesem Schmerz haben. Der Schmerz erscheint uns deshalb so schrecklich, weil wir ihn mit einer Tatsache verwechseln.[24] Wenn wir unbewusst davon überzeugt sind, lächerlich oder wertlos zu sein (weil wir das aus dem Verhalten unserer Eltern oder bestimmten Ereignissen schlussgefolgert haben), so ist dies natürlich eine unerträgliche Tatsache, mit der wir uns lieber nicht konfrontieren (lassen). Sobald wir jedoch erkennen, dass es sich nicht um eine Tatsache handelt, sondern lediglich um ein Gefühl, können wir aufatmen. Ganz befreit sind wir von der Angst allerdings erst, wenn wir dies nicht nur erkennen, sondern den Schmerz tatsächlich auch fühlen. Sonst bleibt er in den Zellen unseres Körpers und auf dem Grunde unseres Unterbewusstseins trotz aller Erkenntnis zurück wie das Monster von Loch Ness und hört nicht auf, uns zu ängstigen.

Welche Angst hält dich vor der Intimität einer echten Beziehung oder Begegnung zurück?
Kannst du sie fühlen?
Wo sitzt sie im Körper? Wie fühlt sie sich an?
Kannst du dein Herz für sie öffnen?
Wovor fürchtest du dich?
Was hält dich zurück?
Und kannst du dir das Schlimmste, was passieren kann, ausmalen?
Wenn es einträte: Wie würdest du dich fühlen?
Wo sitzt dieses Gefühl im Körper? Wie fühlt es sich an?
Was braucht es von deinem Herzen?

* * *

Ich bin meiner Angst begegnet, als ich meinem Du gegenübertrat.
Sie war abgrundtief. Ich schreckte zurück.
Es war die Angst, durchschaut zu werden bis auf den Grund meiner Seele –
und nicht zu bestehen. Bloßgestellt und für wertlos befunden –
stellte ich mir vor – würde ich sein,
ließe ich es zu, mit diesem Du in Beziehung zu treten.
Damals hielt ich es für Tatsache
und wandte mich ab.
Heute weiß ich, es ist nichts als ein Gefühl.
Es ist mein Gefühl, entstanden aus meinem Gedanken.
Ich kann wagen, es zu fühlen. Es ängstigt mich nicht mehr.

* * *

Dadurch, dass ich das Schlimme bewusst fühle, schütze ich mich davor, dass es mir zur Tatsache wird. Meine Angst und meinen Schmerz bewusst wahrnehmend, kann ich dir in die Augen schauen und dir gegenübertreten als die, die ich bin, nichts verbergend, nichts zurückhaltend und doch im vollkommenen Schutz meiner Selbstachtung. So wird Intimität möglich.

Wie sehnen wir uns nach Nähe, und wie fürchten wir uns vor ihr! Die sich am meisten nach ihr sehnen, fürchten sich zugleich am meisten vor ihr. Was macht Nähe so beängstigend? Und was so anziehend?

Der mir nah ist
tritt in meinen Schatten,
bewegt sich auf mich zu,
klopft an die Tür
meines sicheren Ich,
will hinein.
Wie sehne ich mich danach,
ihn einzulassen.
Wie sehne ich mich danach.
Doch nun, da er vor der Tür steht,
zögere ich.
Was, wenn ich ihn nicht ertrage?
Was, wenn er nicht mehr geht?
Was, wenn er das heilige Reich meiner Gewohnheiten,
meiner Rituale, meiner liebgewordenen Sichtweisen zerstört?
Was, wenn er entdeckt,
wer ich bin?
Immer noch zögernd, lasse ich ihn ein.
Doch ich wende mich ab,
weise ihm seinen Platz zu,
fahre fort, ich zu sein, auf meiner sicheren Seite.
Er aber,
er begnügt sich nicht damit.
Er durchdringt meinen Raum mit seinem Atem, seinem Geruch,
bedroht meine liebgewordene Sicht mit der seinen,
die ganz anders ist,
zerstört das Gefüge meiner Rituale,
und schlimmer noch: schaut auf den Grund meiner Seele
und entdeckt, wer ich bin.
Doch seltsam: Er bleibt. Ich wage mich zu zeigen –
jeden Tag ein wenig mehr.
Höre auf, den Atem anzuhalten und beginne, den Raum

mit meinem eigenen Atem zu füllen, den seinen
durchdringend.
Wage sogar, meine Sichtweisen, die mir so liebgeworden
waren,
dass ich sie fast für mich selber hielt,
hier und da zu lockern, durch die seinen zu ergänzen
oder ganz über Bord zu werfen.
Wozu brauche ich Sichtweisen?
Wozu Gewohnheiten?
Die Gegenwart
ist mir genug.

Die Ehe

Die Ehe wird sich nie aus etwas anderem erneuern,
als woraus allzeit die wahre Ehe entsteht:
dass zwei Menschen einander das Du offenbaren.

Martin Buber: Ich und Du

Warum haben wir das Bedürfnis, eine Beziehung in die Form einer Ehe zu gießen? Wenn man Kinder hat, gibt es eine gewisse Notwendigkeit, durch die Heirat einen stabilen Rahmen für das Aufziehen der Kinder zu schaffen. Heute jedoch garantiert selbst das Vorhandensein von gemeinsamen Kindern nicht mehr, dass zwei Menschen, die den Bund der Ehe miteinander eingegangen sind, auch in ihm verbleiben, bis dass der Tod sie scheidet. Warum drängt es die meisten von uns dennoch in die Ehe? Was hat die Ehe so Faszinierendes an sich?

Wenn es keine weltlichen Gründe für das Eingehen einer Ehe gibt (den Kindern Stabilität geben, Steuern sparen oder von bestimmten Leuten anerkannt werden) und wenn nicht vor allem psychologische Gründe eine Rolle spielen (wie der Wunsch nach Sicherheit), geht es darum, die Beziehung zu heiligen. Die Ehe heiligt die Paarbeziehung insofern, als bei ihrer Schließung eine höhere Instanz einbezogen wird. Zu »Ich« und »Du« tritt das gemeinsame hohe Selbst hinzu. Vor dem Hintergrund der Einheit und mit dem göttlichen Bewusstsein als Zeugen wird die Beziehung bekräftigt. Selbst bei einer Ehe, die nur auf dem Standesamt und nicht im Rahmen einer religiösen Zeremonie vollzogen wird, erscheint diese höhere Instanz, diesmal in Gestalt des Vertreters einer weltlichen Autorität. Auch Bürgermeister oder Standesbeamte repräsentieren letztlich das Bewusstsein der Einheit, denn sie sind Repräsentanten der Gemeinschaft.

Selbst wenn zwei Menschen sich entschließen, ganz allein zu heiraten, heimlich, nur für sich, ohne Kirche und Standesamt und Familie, werden sie instinktiv immer die höhere Instanz herbeirufen, um ihren Bund zu bezeugen, nur eben auf andere Weise. Vielleicht indem sie den Bund in der freien Natur besiegeln, mit dem Himmel oder den Elementen als Zeugen. Ohne Einschaltung der höheren Instanz – also der Ebene der Einheit – ist die Ehe keine Ehe, kein Sakrament. Letztlich ist es natürlich die Liebe, die eine Beziehung »heiligt«, mit oder ohne Zeremonie.

Was jedoch die Intimität anbelangt: Sie kommt immer erst dadurch zustande, dass eine höhere Ebene in die Beziehung einbezogen wird, nämlich das innere Selbst. Von Oberflächen-Ich zu Oberflächen-Ich kann es, wie schon gesagt, keine Intimität geben, sondern nur den oberflächlichen Versuch, einander zu verstehen, zu berühren, zu erreichen. Wenn sich jedoch die Ebene unseres inneren Wesens einschaltet, auf der wir verbunden sind, und unser innerstes Einssein durch sie hindurchschimmert, bekommt unsere Beziehung den Charakter von Intimität. Durch die Weihe, die eine Beziehung durch eine Eheschließung erhält, wird manchmal diese geheimnisvolle innere Ebene geweckt und ins Alltagsbewusstsein geholt.

Liebe ist mehr als ein Gefühl

Liebe ist kein Gefühl, keine Emotion!
Sie wird von Emotionen lediglich begleitet.

Safi Nidiaye: Liebe ist mehr als ein Gefühl

Mehr denn je verfallen wir heutzutage dem Irrtum, anzunehmen, Liebe bestünde aus Emotionen. Wir beginnen Beziehungen oder heiraten aus einer Vielzahl von Emotionen heraus: Verliebtheit, Sehnsucht nach Geborgenheit, Hoffnung auf Erfüllung unserer Bedürfnisse und so fort. Wir glauben, eine Beziehung sei umso tiefer und wertvoller, je mehr positive Emotion mit ihr verbunden sei. Doch Emotion hat mit echter Beziehung nicht das Geringste zu tun. Es ist schön, mehr als schön – es ist wunderbar, verliebt zu sein und zu wissen, dass dieses Gefühl »erwidert« wird. Aber wird es wirklich erwidert? Ist es nicht einfach so, dass gewisse Qualitäten, die ich am anderen wahrnehme oder auf ihn/sie projiziere, mein Entzücken auslösen, und dass gewisse Qualitäten, die er/sie an mir wahrnimmt oder auf mich projiziert, das seine auslösen? Ich bin vielleicht verliebt in seine blauen Augen, seine breiten Schultern, sein schönes Lachen, seine tiefe Stimme. Und er ist, sagen wir, in meinen vollen Mund, meine schlanken Beine, meine Kindlichkeit, meinen Gang verliebt. Jeder ist in irgendetwas verliebt, das er am anderen bewundert, aus Gründen, die nur ihn allein etwas angehen. Denn was immer er in diesen äußeren Symbolen wahrzunehmen meint, hat mit der inneren Realität des/der Geliebten nichts zu tun.

Warum finden wir es so schön, wenn wir den Eindruck haben, dass unsere Gefühle erwidert werden? Weil wir dann meinen, endlich nicht mehr allein zu sein.

Wenn dieses Nicht-mehr-allein-Sein, jedoch einzig auf der Illusion erwiderter Gefühle beruht, wird es nicht lange anhalten. Solange ich in der Emotion bin, bin ich nicht im Kontakt mit dem anderen, ja noch nicht einmal im Kontakt mit mir. Vielmehr bin ich im Inhalt meiner eigenen Gedanken gefangen.

Normalerweise verlieben wir uns aufgrund von Projektion. Wir sehen etwas in der anderen Person, das sie nicht ist. Aufgrund irgendeiner Ähnlichkeit verwechseln wir sie entweder mit einer Person aus unserer Vergangenheit, zu der wir eine unerlöste Beziehung haben, oder mit unserem inneren Ideal. Natürlich kann es trotzdem geschehen, dass zwei, die sich aufgrund solcher Täuschungen ineinander verlieben, im entscheidenden Moment von Amors Pfeil getroffen werden. Dann entwickelt sich eine echte Beziehung.

Wir schauen einander in die Augen,
und da geschieht es.
Ein Aufblitzen von Erkennen –
Wiedererkennen?
Und das Feuer ist entzündet.
Es geschieht nicht in mir,
es geschieht nicht in dir. Es geschieht
zwischen uns.

Reine Liebe ist frei von Emotion. Sie ergreift mich. Sie öffnet mein Herz. Sie ist mit Emotionen verbunden, aber sie selbst ist frei davon, wird weder von ihnen überschattet noch eingenommen. Sie ist sprachlos. Jeder Versuch, sie in Wort oder Geste auszudrücken, reduziert sie.

Liebe bringt jedoch all die Emotionen ans Licht, die uns aus früheren Beziehungen, vor allem aus den allerersten Beziehungen unserer Kindheit geblieben sind: unser Bedürfnis nach Liebe, nach Anerkennung, nach Wärme, nach Geborgenheit, nach Zuwendung; unsere Sehnsucht nach Zugehörigkeit; unseren Wunsch, wahrgenommen, gehört und geachtet zu werden; unsere Angst, verlassen, abgelehnt, verraten, erniedrigt zu werden; unsere Wut, unsere Enttäuschung, unsere Bitterkeit, unsere Trauer, unsere Ohnmacht, unsere Resignation ... Je mehr Liebe in einer Beziehung vorhanden ist, desto mehr von diesen Gefühlen können zugelassen werden, ohne dass die Beziehung deshalb beendet werden muss. Wir sind nicht nur dazu da, einander die unbefriedigten Bedürfnisse der Kindheit zu befriedigen. Wir sind vor allem dazu da, sie einander bewusst zu machen, damit wir aufhören, uns von ihnen beherrschen zu lassen. Wie schon gesagt, besteht der Weg zur Befreiung von diesen Emotionen darin, sie bewusst zu fühlen und ihnen sein Herz zu öffnen. Meiner Beobachtung nach ist dies der einzige Weg. Alles andere führt in erneute Verdrängung, endlose Wiederholung der alten Muster und immer neues Leid.

Emotionen, um das noch einmal zu verdeutlichen, sind innere Regungen, die aufgrund der Art, wie wir Ereignisse interpretieren, in uns entstehen. Die Sonne scheint, und ich freue mich. Es regnet, und ich bin traurig. Würde ich in der Wüste leben, wäre es mit Sicherheit umgekehrt. Meine Freude und meine Trauer haben mit der Sonne und dem Regen nichts zu tun. Sonne und Regen bleiben davon unberührt. Ebenso wenig hat der Mensch, auf den ich meine Liebe, meine Sehnsucht, meine Wünsche, meine Ideale, meine Erwartungen projiziere, irgendetwas damit zu tun, dass ich enttäuscht bin, weil er sich anders verhält, als ich es wünsche; oder dass ich erfreut bin, weil er mir gibt, wonach ich mich sehne. Bleibe ich mit meinen Emotionen identifiziert, bin ich nicht in Kontakt, weder mit mir noch mit der Person, die diese Gefühle auslöst.

Die Lösung: zu sich kommen – atmen – fühlen und sein Herz öffnen für das, was man fühlt. Ist das Herz offen für mein eigenes Gefühl, kann es sich auch wieder für den anderen öffnen. Und ich bin wieder in der Realität statt in meiner Selbsttäuschung.

Dialog mit höheren Ebenen des Bewusstseins

Liebe ist, und gelegentlich taucht ihr in sie ein. Dann wieder taucht ihr aus ihr auf. Manche streifen nur ihre Oberfläche. Manche stürzen sich in ihre Tiefen. Wieder andere lassen sich von ihr tragen oder zerstören.
Liebe ist. In gewisser Weise könnte man sagen, sie ist der Grundzustand des Universums. Lass dich von ihr ergreifen, aber nicht überwältigen. Überwältigt sie dich, mache keine Emotion daraus, an der du festhältst oder die du zu überwinden versuchst, sondern finde einfach deine Mitte wieder. Du musst wissen: Die Liebe ist stärker als alles, auch stärker als du. Gegen sie ankämpfen zu wollen, ist sinnlos; aber ihr zu erliegen ist unsinnig. Denn die Liebe meint dich. Sie will dein Wohl und dein Wachstum. Lerne, dich von ihr tragen zu lassen zu immer neuen Horizonten des Erkennens, des Fühlens, zu immer neuer Begegnung.

Das klingt verflixt nach meiner Poesie[25] und nicht nüchtern genug, um von euch zu sein.

Nüchtern musst du sein, um die Liebe zu ertragen, ohne in ihr unterzugehen. Wir müssen es nicht – wir surfen mühelos auf dem Ozean der Liebe.

Was hindert uns daran, so mühelos zu surfen?

Die Angst vor der Liebe und die Sucht nach ihr. Aus Angst verkrampft ihr euch, wenn ihr euch gehen lassen solltet. Aus Sucht lasst ihr euch gehen, wenn ihr wachsam bleiben solltet. Bleibt in der Mitte zwischen Angst und Sucht. Lasst Liebe geschehen, lasst Liebe die Gebäude eurer Gedanken und Emotionen zerstören, aber niemals euch selbst.

Meines Erachtens bedeutet das, sich auch mit der Liebe – sei sie noch so schön und so wahr und so groß – nicht zu identifizieren, sondern sie ebenso neutral wahrzunehmen wie jedes andere Gefühl. Ich weiß, ihr sagt, dass Liebe kein Gefühl ist; aber ich finde, sie ist auch ein Gefühl. Jedenfalls ist sie von Gefühl begleitet. Dieses Gefühl bewusst wahrzunehmen (nicht zu beobachten, sondern zu fühlen!), ohne sich damit zu identifizieren, müsste der wahren Liebe (die kein Gefühl ist) erlauben, mich zu ergreifen, ohne dass ich in dem Gefühl untergehe, das sie in mir auslöst.

Klingt ein wenig kompliziert …

Aber korrekt?

Liebe ist. Immer, überall, hinter allem verborgen, manchmal vom Standpunkt eures Bewusstseins aus erkennbar, manchmal nicht. Einzutauchen in den Zustand der Liebe kann, je nach eurer persönlichen Geschichte, gewaltige Emotionen in euch auslösen. Diese Emotionen – da hast du recht – gilt es bewusst wahrzunehmen. Jedoch kann auch die Liebe selber dich so sehr ergreifen, dass du buchstäblich in ihr untergehst, dass von deinem Ich nichts mehr übrig bleibt.

Und davon ratet ihr ab?

Davon raten wir ab. Das mag für den einen oder anderen ein romantisches Ideal sein. Tatsächlich aber werdet ihr beobachten können, dass all die »Heiligen«, die dieses Ideal verwirklicht haben, sehr starke Persönlichkeiten waren. Liebe meint dich, Liebe hat dich zu dem gemacht, was du bist, zu der Persönlichkeit, zu der du herangereift bist. Diese auslöschen zu wollen, ist ein Akt von Nicht-Liebe.

Sind wir hier noch bei der Intimität?

Was ist intimer als Liebe?

Können wir es noch mal auf die Ebene der ganz gewöhnlichen Paarbeziehung zurückbringen?

Was du ganz gewöhnlich nennst, ist das größte Mysterium.

Ja. Ich weiß. Ich meine: Wie können wir in diesen unseren mysteriösen Paarbeziehungen diese schönen Erkenntnisse über die Liebe anwenden?

Indem ihr aufrichtig bleibt. Das ist das Beste, was ihr für euch selber, für euren Partner und für die Liebe tun könnt. Im Übrigen gedeiht Intimität nur auf dem Boden der Aufrichtigkeit.

Mit aufrichtig meint ihr: sich nicht verstellen; keine Täuschung; keine falschen Gesten und so fort? Oder meint ihr, dass wir einander alles mitteilen sollen?

Aufrichtig meint: aufrecht sein in eurer Wahrheit und Würde.

Ja. Klingt gut. Aber um das bewerkstelligen zu können, müssen die meisten von uns noch eine Menge Herzensarbeit tun …

Stopp. Aufrichtig könnt ihr in jedem Augenblick sein – indem ihr gegenwärtig seid und nichts an euch verändert, nichts verbessert, aber auch nichts vertuscht … eben die seid, die ihr gerade seid.

Haha. Wisst ihr, wie viele Ängste uns davon abhalten?

Einschließlich eurer Ängste. Fühlt ihr gerade Ärger und könnt diesen Ärger nicht ausdrücken, weil ihr Angst habt, verlassen zu werden, dann seid in diesem Ärger und dieser Angst aufrichtig. Seid, die ihr seid. Handelt, wie ihr handeln könnt. Aber seid gegenwärtig, schaut eurem Partner aufrecht in die Augen – mit allem, was ihr gerade fühlt und seid.

Das erfordert Wachheit …

Es erfordert Da-sein.

Gibt es einen Trick, der uns hilft, da zu sein – präsent und wach zu sein?

Einfach da sein.

Ja. Habe ich mir schon gedacht.

Es ist einfacher als du denkst. Überfordere dich nicht: Sei einfach da. Wie du eben bist im jeweiligen Augenblick. Das ist aufrichtig sein.

Schwangerschaft, Geburt und Stillzeit

Wir sind deswegen zu solcher Liebe und
wechselseitiger Zugehörigkeit fällig,
weil die Seele das Echo einer Ur-Intimität in sich birgt.

John O'Dononue: Anam Cara

Lässt sich eine intimere Beziehung denken als die zwischen Mutter und Kind? Zwischen dem Wesen, das in meinem Bauch heranwächst und an meinem Busen genährt wird, und mir? Für manche Schwangere ist die Zeit der »frohen Erwartung« eine heilige Erfahrung von Intimität, die sie mit Staunen und Andacht erfüllt und ihnen fast sichtbar einen Heiligenschein verleiht, in dessen Strahlen sie beseligt in sich zu ruhen scheinen. Manchen Frauen wird die Geburt zu einem Einweihungserlebnis, einem Durchbruch von Licht und Lust und Leben. Das Stillen erleben sie als einen Akt tiefer und beseligender Intimität. Tatsächlich fließt mit der Muttermilch eine nährende Energie direkt aus dem Herzen, und diese Herzensenergie fließen zu lassen, kann für die Stillende ein sehr lustvolles Erleben sein. Auf der anderen Seite erleben viele Frauen Schwangerschaft, Geburt und Stillzeit als Martyrium. Ich glaube nicht an einen Gott, der sagt: »Du sollst unter Schmerzen gebären.« Das halte ich für eine der vielen Fehlinterpretationen oder Verfälschungen eines biblischen Textes. Vielleicht gebären wir dann unter Schmerzen, wenn wir eigentlich gar nicht gebären wollen, wenn es uns aufgeschwatzt oder aufgedrängt wurde und wir eigentlich Angst davor haben, oder wenn es zumindest einen Teil in uns gibt, der sich davor fürchtet. Wir *sollen* sicher nicht unter Schmerzen gebären, aber etwas Neuem Geburt zu geben kann insofern mit Schmerzen verbunden sein, als ich mich dafür öffnen und erweitern muss, und das macht Angst. Auch die Loslösung von dem Wesen, das im Innern meines Körpers heranwuchs, das Entlassen dieses Teils von mir in die Selbstständigkeit einer von mir getrennten Existenz kann Schmerz verursachen. Ich glaube, der größte Teil der Schmerzen hat damit zu tun, dass wir Angst haben, sowohl vor dem Neuen als auch vor dem Loslassen des Alten. Hinzu kommt die Position, in der die meisten Kinder geboren werden (im Liegen statt im Hocken), die nicht gerade förderlich ist für eine leichte Geburt, dann die Tatsache, dass wir im Allgemeinen in Krankenhäusern gebären, in einer Atmosphäre, die nicht mit frischer Lebensenergie und Freude geladen ist, sondern mit Angst, Krankheit und Leid. Hinzu kommt, dass wir Frauen in unserer Zeit mit der Natur nicht mehr vertraut sind und sie deshalb fürchten. Es gab Zeiten, da dies anders war. Und es gibt Völker auf dieser Erde, bei denen es immer noch anders ist.

Es war zu einer Zeit,
da wir Frauen einander Schwestern waren.
Während ich mein Kind zur Welt brachte,
wart ihr, Schwestern, um mich,
mich wiegend und streichelnd,
meinen Leib mit duftenden Ölen massierend,
singend, summend, voll Heiterkeit,
mich besänftigend.
Ich fürchtete mich nicht,

obwohl es mein erstes Kind war,
denn ich wusste,
ihr kanntet den Weg. Ihr wart ihn schon gegangen.
Ich vertraute mich euren kundigen Händen an.
Ich fühlte, ihr kanntet die Geheimnisse.

Mutter zu werden, ein anderes Wesen in seinem Bauch heranwachsen zu lassen, an seinem Körper zu tragen und an seiner Brust zu nähren, ist eine kostbare Chance, eine Intimität zu erleben, wie sie größer kaum sein kann.

Kommentar von höheren Ebenen des Bewusstseins

Warum ist das von der Natur so eingerichtet? Warum legen Menschenmütter nicht einfach ein Ei (denkbar wäre ein Ei mit warmen, weichen Wänden, in dem das Menschenkind sich in einer Nährlösung entfalten könnte)? Eben weil Intimität der innere Quell von Glück und Kraft ist, der einen Menschen zu einem Menschen macht – zu einem Wesen, das aus sich heraus eine Vielzahl unglaublicher Qualitäten entwickeln kann, zu einem Wesen, das mitfühlen und Verantwortung übernehmen kann, zu einem Wesen, das Wärme und Liebe spenden kann und zu unglaublicher Schönheit fähig ist, vorausgesetzt, diese Intimität ist in ihm vorhanden. Diese innere Intimität, die in der ersten Zeit des Lebens im Heranwachsen in der Intimität mit der Mutter entsteht, ist ein Gefühl des Nicht-Alleinseins. Wer diese Intimität besitzt, ist niemals allein, denn er hat die Fähigkeit, mit allem in Kontakt zu treten, was ihm begegnet. Und mehr noch, er trägt tief in

seinem Innern das Gefühl, nicht allein zu sein. Als er sich im und später am Körper der Mutter befand, war da immer ein anderer, mit dem er beständig verbunden war. Und er ruhte in der Gewissheit dieser Verbindung. Bei einem gesunden Heranwachsen, sprich wenn diese körperliche und seelische Nähe so lange beibehalten wird, wie das Kind es braucht, wird dieses Gefühl von beständiger Nähe, das Gefühl, geliebt, getragen, geborgen und begleitet zu sein, verinnerlicht, so dass man schließlich keinen anderen mehr braucht, um es herzustellen. Man trägt es in sich selber.
Ist dieses Gefühl nicht vorhanden, weil der Mensch ohne diese ursprüngliche Intimität mit der Mutter aufgewachsen ist (durch Kaiserschnitt geboren, nicht gestillt, nicht am Körper getragen, Mutter bei der Geburt oder während der Stillzeit gestorben oder fortgegangen ...), so wird dieser Mensch, sofern er nicht überhaupt schon im Säuglingsalter verkümmert und stirbt, sein Leben lang gefühlskalt und isoliert sein und die größten Schwierigkeiten haben, mit anderen Menschen als einem Du in Kontakt zu treten. Zugleich jedoch wird er von einer großen Sehnsucht nach jener Intimität, die er an anderen wahrnimmt, aber selber nicht erlebt, erfüllt sein, und früher oder später wird diese Sehnsucht in ihm zu einem Ruf. Und rufend und suchend wird er sich auf den Weg begeben, der ihn nach Hause bringt in die große Intimität, die allen Beziehungen zugrunde liegt.

Ich schaute zu,
als ihr miteinander durch die Straßen wandertet,
Mutter und Tochter, Hand in Hand.
Ich stand am Zaun,
vor so vielen Häusern, so vielen Gärten,
in denen Familien lebten.

Ich sah kleine Kinder im Schlafanzug,
die Zähne geputzt,
darauf warten, dass Mami ihnen den Gute-Nacht-Kuss gibt.
Voller Neid
schaue ich auf euch, die ihr mit dieser warmen Aura von
Geborgenheit,
mit dieser natürlichen Würde
durchs Leben geht.
Ich fühle, ihr seid die, die getragen, gestillt, geliebt wurden.
Ich kenne das nicht.
Ich sehne mich so sehr danach, dass es schmerzt.
Ich weiß, ich werde es nie finden,
denn niemand wird mir mehr Mutter sein.

Die Intimität der frühen Kindheit kann durch nichts ersetzt werden. Ebenso wenig wie das Erlebnis, gestillt worden zu sein. Irgendetwas bleibt zeitlebens ungestillt, wenn wir nicht oder nicht genügend gestillt wurden. Und schließlich das Erlebnis, am Körper der Mutter getragen zu werden; am Leben teilzuhaben, während man am warmen Körper der Mutter geborgen ist und ihren Herzschlag spürt. Das legt die Grundlage für das berühmte »Urvertrauen«.

Doch zurück zur Mutter. Das Kind wächst heran, das ist unvermeidlich, und die Mutter muss damit leben, dass es sich nach und nach aus dieser Intimität herauslöst. Damit sich diese Loslösung in einer für sie gesunden Form vollziehen und sie ihr Kind loslassen kann, muss die Mutter, ebenso wie das Kind, die erlebte Intimität verinnerlichen, zu einem Bestandteil ihrer selbst werden lassen. Sonst wird sie dazu neigen, das Kind weiterhin als einen Bestandteil ihrer selbst zu betrachten, um diese Intimität nicht zu verlieren. Für die jungen Mütter heißt das: Fühlen Sie, solange das Kind noch gestillt und am Körper getragen wird, das schöne, warme Gefühl von Intimität ganz bewusst, anstatt es einfach nur zu haben. Nehmen Sie es bewusst wahr. Erkennen Sie, dass es sich um ein Gefühl handelt und dass dieses Gefühl durch die Nähe Ihres Kindes in Ihnen geweckt wurde. Nun, da es geweckt ist, ist es Ihr Gefühl. Es gehört Ihnen. Sie können es jederzeit fühlen. Sie brauchen Ihr Kind nicht, um es wieder in Ihnen zu erzeugen. Es ist Ihr eigenes Gefühl, und Sie können ihm einen festen Platz in Ihrem Herzen einräumen, so dass es Teil von Ihnen wird und nicht fortgeht, wenn das Kind seinen eigenen Weg geht. Und: Lassen Sie nicht zu, dass Ihr Kind ein »Es« für Sie wird, sondern treten Sie ihm stets als Du gegenüber. Dann wird das Kind nicht darunter leiden, ein Objekt Ihrer Wünsche und Erwartungen zu sein. Vielmehr umfasst und meint Ihre Aufmerksamkeit Ihr Kind und bezieht es ein – so, wie es gerade ist, mit all seinen Gefühlen und Sehnsüchten, mit seinen Fragen, mit seiner eigenen Art zu denken und zu sein.

Die Intimität der Kindheit

Heute lebte die kleine Veronika noch ganz und gar im Garten der Geister, und wenn es auch nur ein ganz gewöhnlicher Garten war – die kleine Veronika sah ihn mit den inneren Augen, die sie noch aus dem Himmel mitgebracht hatte, und für solche Augen ist jeder Garten ein Garten der Geister, und die ganze Welt ist ein Meer von Leben und Licht.

Manfred Kyber: Die drei Lichter der kleinen Veronika

Die Kindheit ist für viele Menschen im Rückblick eine Art paradiesischer Zustand. Das hat damit zu tun, dass in den ersten Jahren der Kindheit das Grundgefühl der Intimität noch vorhanden war. Auch wenn es einen Bruch gegeben hat, der die erste Intimität – die mit der Mutter – brutal beendet hat, leben Kinder grundsätzlich im Bewusstsein von Intimität: Die Welt, wie sie ist, ist dein Zuhause, und alles ist dir Freund, vom Käfer bis zum Baum, vom unsichtbaren bis zum sichtbaren Wesen. Du lebst in einer Zauberwelt und fühlst dich auf selbstverständliche Weise darin geborgen.

Viele Menschen denken voller Wehmut an diese Kindertage, weil sie meinen, dass jenes selige Gefühl der ersten Jahre niemals wiederkehrt. Das ist jedoch eine falsche Auffassung. Tatsächlich ist jedes Gefühl, das wir jemals erlebt haben, für immer Teil von uns selbst geworden. Wir können es jederzeit wiederfinden. Wir brauchen die Umstände von damals nicht wiederherzustellen. Wir müssen uns nur erinnern und aus den äußeren Aspekten der Erinnerung das innere Gefühl herausdestillieren und bewusst wahrnehmen. Nicht als etwas, das an die vergangenen Umstände geknüpft und deshalb nicht wirklich wiederherstellbar ist; sondern als das, was es ist: ein Gefühl, durch Umstände geweckt, aber nicht erzeugt; ein Gefühl, das uns gehört und jederzeit durch Erinnerung wieder hervorgerufen werden kann. Betrachten Sie die Umstände nicht als notwendig, um dieses oder jenes Gefühl zu haben. Betrachten Sie sie vielmehr als das, was Ihnen geholfen hat, dieses Gefühl zu entdecken. Das Gefühl selber ist zeitlos, raumlos, unabhängig von Umständen. Es ist etwas, das Sie fühlen können, wann immer Ihnen danach ist. Probieren Sie es aus! Nur müssen Sie möglicherweise erst einige Schichten aus Wehmut, Traurigkeit und Sehnsucht durchqueren, bis Sie auf das schöne Originalgefühl stoßen, nach dem Sie sich sehnen.

Kommentar von höheren Ebenen des Bewusstseins

Als kleines Kind bist du noch ganz in der Intimität mit dir selber, und die ganze Welt ist dein eigenes Reich. Erst nach und nach lernst du, dass es auch andere Kinder, andere Menschen gibt, die dieses Reich mit dir teilen. Dass es so etwas gibt wie eine Welt außerhalb von dir. Dadurch beginnst du, nach und nach aus der Intimität herauszufallen.

Ebenso wie du das schöne Kindheitsgefühl wiederfinden und in dir »aktualisieren« kannst, kannst du jedes andere Gefühl aus deinen Erinnerungen herausdestillieren und in der Gegenwart erleben. Wenn du einmal sehr glücklich warst, vielleicht mit jemandem, den du sehr geliebt hast … Nun, dieses Glück ist nicht fortgegangen, auch wenn derjenige aus deinem Blickfeld verschwunden ist. Das Glück gehörte ja nicht ihm. Es war dein eigenes Glücksgefühl. Er hat dir nur geholfen, es zu wecken. Einmal geweckt, kann es jederzeit von dir wieder gefunden werden.

Gefühle sind nicht an Umstände oder Menschen geknüpft. Gefühle sind einfach Arten, sich zu fühlen. Jedes von euch einmal erlebte Gefühl gehört für immer zu euch. Ihr könnt es aktivieren oder nicht. Das ist eure Wahl. Ihr aktiviert gern die traurigen Gefühle und weint den schönen nach. Ebenso gut könnt ihr die schönen Gefühle aktivieren.

Die ursprüngliche Intimität bezieht sich auf die Mutter, in deren Bauch du nach und nach beginnst, in diese Welt zu erwachen. Entlässt dich die Mutter behutsam und erst, wenn du dazu reif bist, aus der Geborgenheit ihrer Arme, ihres Körpers, so behältst du das Grundvertrauen, dass die Welt und alles, was sich darinnen befindet, dir Freund ist, und du spielst in der Welt wie ein Kind – arglos und zutraulich – und gehst auf alles und jeden zu wie auf ein »Du«.

Diesen Bewusstseinszustand kannst du dir in Erinnerung rufen, auch wenn du keine konkreten Erinnerungen an deine Kindheit hast. Du kannst ihn noch einmal ganz bewusst erleben und in dein Jetzt-Bewusstsein integrieren. Nicht dass du wieder arg- und ahnungslos werden sollst wie ein Kind. Das ist dir nicht möglich. Du kannst deine Erfahrungen und dein Wissen nicht rückgängig machen. Aber du kannst dieses Gefühl in dir wach und heilig halten und es mitnehmen in deine Interaktionen mit anderen und mit der Welt. Auf diese Weise rettest du ein Stückchen »heile Welt« in dein jetziges Leben hinüber, was beträchtlich zu deiner eigenen Heilung und damit auch zur Heilung deines Umfeldes beitragen kann.

Die Welt der Arbeit

Wenn wir unsere Seele verkaufen, handeln wir uns im Gegenzug ein Leben voller Elend ein.

John O'Donohue: Anam Cara

Man braucht sie, aber man liebt sie nicht. »Arbeit« bezeichnet etwas, das mit Anstrengung und meist auch mit Zwang verbunden ist. Man muss arbeiten, um zu überleben.

Unser Verhältnis zur Arbeit und zu den Elementen, die unsere Arbeit ausmachen, ist ein Ich-Es-Verhältnis. Hier bin ich, dort das Etwas, mit dem ich zu tun habe. In der »Zauberwelt« der Intimität gibt es kein Etwas und keine Arbeit. Oder, besser gesagt, Arbeit unterscheidet sich in diesem Bewusstseinszustand nicht von etwas anderem, nicht von einem Spaziergang, einer Meditation oder einem Spiel. In der Zauberwelt lebe ich in der Gegenwart, und was immer mir im Augenblick begegnet, interessiert, belehrt, erfüllt mich. Ob ich Buchstaben auf Papier setze oder Geschirr abwasche, jede Tätigkeit ist ein besonderer Augenblick in der Welt meiner Intimität mit mir selber und mit den lebendigen Dingen und Wesen, die mir begegnen.

Um auf diese Weise zu »arbeiten«, muss die Seele geweckt werden. Ersetzen Sie »Arbeit« durch »Spiel« und »Anstrengung« durch »Interesse«, und Ihre Seele beginnt sich für das Ganze zu erwärmen.

Erinnern Sie sich an die Spiele Ihrer Kindheit? Haben Sie als Kind jemals über ein Spiel gesagt: »Das ist zu anstrengend«? Haben Sie nicht gegraben und geschleppt und geschwitzt, wenn es darum ging, Staudämme im Bach oder Sandburgen am Strand zu bauen? War das Arbeit? Es war Spiel. Könnten Sie auch Ihre heutige Arbeit als Spiel betrachten, wie viel leichter würde sie Ihnen von der Hand gehen! Und wie viel mehr Gelegenheit hätten Sie, die kleinen Begegnungen am Rande Ihrer Tätigkeiten zu erleben, denen Sie, zu sehr erfüllt von Zeitdruck und Ziel Ihrer Arbeit, keine Aufmerksamkeit schenken.

Arbeit! Welch trockenes, ernstes Wort. »Ich muss arbeiten.« Aber die Arbeit ist Teil eines Spiels, jenes Spiels, das wir ersonnen haben, um die Dinge zu erschaffen, die wir zu unserer Bequemlichkeit, unserem Schutz und unserer Freude erfinden. In der Natur gibt es keine Arbeit. Ameisen schleppen allerlei Zeug herum, um ihre Stadt zu bauen, und Vögel bauen Nester. Aber haben Sie jemals eine Ameise gesehen, die ihre Last absetzt, sich den Schweiß von der Stirn wischt und seufzt: »Immer diese Arbeit!« »Arbeit« wird es durch unsere Idee, es sei Arbeit. Es ist Spiel. Es ist nichts anderes. Machen Sie sich nur einmal bewusst, wo all das endet – in einer Holzkiste unter dem Grund. Und dafür haben Sie Ihre »Arbeit« so ernst genommen? Sich so angestrengt, um Ziele zu erreichen, die angesichts des unausweichlichen Todes sinnlos sind? Wenn es Spiel ist, macht es Sinn. Zum Spiel gehört, dass es sinnlos ist. Es ist eben Spiel. Man spielt es um des Spielens willen.

Lasst uns den Tod, der unsere einzige Gewissheit ist, tagtäglich in unser Gebet einbeziehen, damit wir nicht der quälenden Selbsttäuschung der »Arbeit« erliegen. »Lieber Tod, bitte tritt in mein Bewusstsein, damit ich das Leben nicht so ernst nehme, damit ich nicht vergesse, dass alle weltlichen Ziele unsinnig sind, weil du sie mit einer Handbewegung zunichtemachst.«

Es mag Arbeiten geben, die uns sinnvoll erscheinen und das Gefühl geben, etwas Nützliches, Wichtiges zu tun: Arbeit, die wir tun, um die Welt zu verbessern, um anderen zu helfen, um etwas Schönes zu schaffen. Aber solange es »Arbeit« ist, ist Selbsttäuschung damit verbunden. Solange es Arbeit ist, stehen wir mit dem, wofür wir arbeiten, nicht in einer lebendigen Beziehung. Wir arbeiten für ein Etwas – oder für einen Er, eine Sie oder eine Ansammlung von Menschen –, was auf das Gleiche hinausläuft. Aber dieses Etwas ist nicht einbezogen in unsere Arbeit und hat keinen Einfluss darauf. Wir sind losgelöst von ihm. Das macht es anstrengend, macht es zur »Arbeit«. Bin ich in Beziehung zu dem, wofür oder für den ich arbeite, so ist meine Arbeit in jedem Augenblick ein freudiges Geben und Nehmen. Schreibe ich, weil ich eben mein Brot damit verdiene und meinen Ablieferungstermin halten muss, so wird es anstrengend. Schreibe ich hingegen für jemanden, so inspiriert eben dieser Mensch mich zu den allerschönsten Gedanken und Erkenntnissen, die mir selber Freude machen und mich bereichern.

Was aber, wenn man nun in ein Arbeitsleben eingebunden ist, dem beim besten Willen nichts Spielerisches, Kreatives oder Intimes abzugewinnen ist? Was tut jemand, der eine Familie zu ernähren und keine andere Wahl hat, als in einer Fabrik am Fließband zu arbeiten; jemand, der seine Stunden am Computer absitzt mit der ebenso langweiligen wie mühsamen Aufgabe, Tabellen und Zahlenkolonnen einzutippen, die sich jemand anders ausgedacht hat und die ihn nicht im Geringsten interessieren, ja, die er möglicherweise nicht einmal versteht?

Sollte dies oder Ähnliches bei Ihnen der Fall sein, schlage ich Ihnen vor, sich klarzumachen, dass dies Ihr Leben ist. Es gibt keine zweite Version. Dies ist es schon. Unter diesen

Umständen haben Sie zwei Möglichkeiten: Entweder Sie suchen sich eine andere Arbeit oder Sie bleiben bei dieser und machen das Beste daraus, indem Sie sie als Spiel betrachten. Einem Spiel kann man immer Interesse abgewinnen, eben weil es ein Spiel ist. Irgendetwas an diesem speziellen Spiel fordert Ihre Intelligenz oder Geschicklichkeit heraus. Nehmen Sie die Herausforderung an. Spielen Sie. Auf diese Weise wird jeder Arbeitstag ein Teil Ihrer eigenen Reise, Ihrer Intimität mit sich selbst.

Intimität mit der Natur

Meine Zunge, jedes Atom meines Bluts
geformt aus diesem Boden, dieser Luft …

Walt Whitman: Grashalme

Wir reden von »der Natur« und meinen damit irgendetwas dort draußen, etwas, das wir besuchen, erwandern, bestaunen können und das aus Steinen, Pflanzen und Tieren besteht, aus Wasser, Erde, Feuer und Luft. Es ist uns nicht bewusst, dass wir selber Teil der Natur sind. Unser Körper besteht aus eben den Elementen, die uns in »der Natur« begegnen. Diese Elemente sind nicht einfach irgendwelche toten Substanzen, sondern lebendig, und genau wie wir existieren sie nicht nur auf der materiellen, sondern auch auf feineren Ebenen, als Energie, als Geist, als Wesen. Was wir »Wasser« nennen, ist der Körper des Wassers. Aber Wasser ist auch eine bestimmte Form von Energie und eine geistige Realität, letztlich sogar ein Wesen. Mit »Wesen« meine ich nicht etwas, das wie wir auf zwei Beinen herumläuft; sondern eine spezifische Essenz. Das Wesen des Wassers. Das Gleiche gilt für die Luft, für das Feuer, für die Erde. Nicht nur unser Körper, sondern auch unsere feineren Schichten bestehen aus den Elementen der Natur. Ebenso wie unser Körper aus Wasser, Luft, Feuer (Stoffwechsel, Verbrennung) und Erde zusammengesetzt ist, bestehen auch die höheren, feineren Schichten unseres Wesens aus diesen Elementen. Etwas in unserer Natur ist vom Wesen des Wassers. Etwas ist feurig, etwas luftig und etwas erdhaft.

Wenn das, was ich vom Wasser wahrnehme, nur sein Körper ist, wer ist dann sein Wesen? In Afrika nennt man es »Mami Wata«, in Brasilien Jemanja, die Zoroaster im alten Persien nannten es »Anahita«. Wer ist Mami Wata? Wie jedes andere Wesen können wir es nicht erfahren, wir können ihm nur begegnen. Stellen Sie sich ans Ufer eines Flusses, eines Sees, des Meeres und betrachten Sie das Wasser. Betrachten Sie es als den Körper eines lebendigen Wesens. Ihr Körper ist undurchsichtig und hat zwei Arme und zwei Beine. Der Körper des Wassers ist transparent, flüssig und ohne Gestalt. Dennoch sind es zwei Körper, beseelt von Wesen. Tauchen Sie eine Hand oder einen Fuß ins Wasser und machen Sie sich bewusst, dass Sie den Körper eines Wesens berühren. Sprechen Sie dieses Wesen an. Begrüßen Sie es. Spüren Sie, dass es Ihnen antwortet? Spielen Sie mit ihm. Lassen Sie es mit Ihnen spielen.

Wenn Sie Wasser ausscheiden und Wasser trinken, machen Sie sich bewusst, dass Sie den Teil Ihres Wesens erneuern, der von der Natur des Wassers ist.

Erfinden Sie ein Gebet an das Wasser, ein Lied für das Wasser. Kennen Sie die Fotografien von Masaru Emoto?[26] Dann wissen Sie, dass Wasser auf Ihre Worte, auf Ihren Gesang antwortet.

Du bist die Schönste, Mami Wata.
Kristallklar sprudelst du dahin,
weiß schäumend stürzt du den Fels hinab.
In sanftem Türkis, tiefem Smaragdgrün,
Azurblau oder Silber spiegelst du den Himmel.
Sei freundlich zu mir, wenn ich in deinen Wellen spiele.
Verzeih mir, wenn ich dir zu viel Schmutz aufbürde,
zu viele Substanzen, die dir fremd sind.

Du durchströmst meine Zellen,
bringst neues Leben, vermittelst Botschaften,
trägst Verbrauchtes und Schädliches davon.
Du durchströmst mein Gemüt mit Frische und Klarheit,
wäschst Sorgen und Trauer, Groll und Ängste hinaus.
Ich bin deine Tochter,
du lebst in mir
und als ich.

In einem erhobenen Bewusstseinszustand, wie er sich manchmal spontan, manchmal als Ergebnis von Meditation, Kommunion oder Gebet einstellt, kann man den Lobgesang wahrnehmen, der von den Elementen und Wesen der Natur ausgeht. Alles bewegt sich, alles ist in Schwingung, und diese Schwingung kann dem inneren Ohr als Gesang erscheinen. Auch Ihr Körper hat Teil an diesem Lobgesang, wenn Sie es ihn lassen, wenn Sie ihn für eine Weile aus Ihren Sorgen und Anspannungen entlassen und ihm erlauben, Teil der Natur zu sein. Barfuß über die Wiese laufend, im Meer schwimmend, unter dem Vollmond tanzend, am Feuer singend, können Sie erleben, wie die Zellen Ihres Körpers in eine freudige und harmonische Schwingung versetzt werden, die im Einklang mit der natürlichen Welt um Sie her ist.

Von Plätzen und Bäumen

Kein Eindruck ist der Baum, kein Spiel meiner Vorstellung, kein Stimmungswert, sondern er leibt mir gegenüber und hat mit mir zu schaffen, wie ich mit ihm – nur anders.

Martin Buber: Ich und Du

Es gibt Plätze, an denen man plötzlich still wird und aus seinen Gedanken und Beschäftigungen aufwacht zur lebendigen Gegenwart. Es gibt Plätze, an denen man das Gefühl hat, seine Seele wiederzufinden. Bäume spielen dabei eine große Rolle – mächtige alte Bäume, die schon lange vor unserer Zeit existiert haben. Gelegentlich gibt es aber auch Plätze mitten in einer Stadt oder einem Dorf, die uns spontan in einen anderen Bewusstseinszustand versetzen oder an denen wir einfach zur Ruhe kommen und uns selber wiederfinden. Ich erinnere mich, vor langer Zeit in Italien an einer Straßenkreuzung in einem Café gesessen zu haben. Es war eine laute Kreuzung, an der viele Lastwagen und lärmende Mofas verkehrten, und es war abseits vom Dorf. Es gab nichts Besonderes zu sehen. Und dennoch war es ein Ort, an dem ich stundenlang einfach nur sitzen und schauen konnte.

Vielleicht gibt es in Ihrer Nähe einen Platz in einem Park, am Ufer eines Flusses, auf einem Hügel oder auf einer alten Brücke, einer Bank am Straßenrand oder unter einem großen Baum. Vielleicht gibt es einen Platz, der Sie berührt, der Sie in innere Stille versetzt, der Sie für eine Weile mit seinem Zauber einfängt und mit einem Segen entlässt.

Finden Sie solche Plätze. Man kann sie nicht suchen, sondern nur finden. Doch um sie zu finden, muss man sich die Zeit nehmen, spazieren zu gehen. Es muss kein spektakulärer Platz sein. Es muss »Ihr Platz« sein. Der Platz, der Ihnen hilft, die Intimität mit sich selber, mit Ihrer Seele, mit Ihrer inneren Stimme, mit der Natur wiederzufinden.

Bäume sind Lebewesen wie wir. Anstatt sie nur wahrzunehmen, können wir ihnen begegnen. Manche Bäume machen es uns leichter. Wir können geradezu spüren, wie sie uns heranwinken, wie sie uns begrüßen, und wir fühlen ihre lebendige Gegenwart. Bei manchen Bäumen ist es schwieriger, vielleicht ähnlich wie bei manchen Menschen: Sie sind verschlossener.

Viele meiner Meditationen haben unter einem bestimmten Baum stattgefunden. Es war kein besonders schöner und kein besonders kräftiger Baum, nur einer, der so gewachsen war, dass ich bequem an, auf und unter ihm sitzen konnte. Dieser Baum wurde mir so sehr Freund, dass ich weinte, als ich ihn verlassen musste. Er war nicht nur Zeuge, sondern Partner meiner Meditationen geworden.

Finden Sie Ihre Bäume! Finden Sie Bäume, zu denen Sie sich hingezogen fühlen, die es Ihnen leicht machen, ihnen zu begegnen statt sie nur wahrzunehmen. Sprechen Sie sie an. Sie müssen nicht laut reden. Sprechen Sie sie in Gedanken an. Sie können ihnen von Ihren Nöten erzählen. Bäume mögen Gefühle. Sie können sie aber auch einfach wortlos ansprechen, berühren, umarmen. Lassen Sie sich vom Baum-Wesen inspirieren und bezaubern. Bäume haben viel zu erzählen. Alte Bäume sind viel länger auf der Welt als Sie. Sie werden es Ihnen nicht in Worten und Gedanken erzählen, aber in Stimmungen. Teilen Sie einen Moment Baum-Sein, und lassen Sie den Baum für einen Moment am Mensch-Sein teilhaben.

Spazierengehen

Ich wandere einen alten Maultierpfad hoch, der sich durch maigrüne Kastanienwälder den Berghang hochschlängelt. Meine Schuhsohlen sind weich, meine Tritte leise. Uralte Stufen aus groben Steinplatten sichern den steilen Aufstieg. Ganz in der Nähe ruft ein Kuckuck. Hier und da zwitschert es aus den Bäumen, raschelt im Laub. Mit jedem Schritt werde ich stiller. Ich liebe es, die Wälder ganz leise zu durchstreifen, so dass ich nicht den Lärm meiner eigenen Schritte höre, sondern nur die Geräusche der Natur um mich her. Ich lausche dem Wind, der sachte die Blätter durchstreift, dem leisen Piepen und Schnarren der Vögel, dem Summen der Bienen, und auf einmal ist all dieses Leben um mich her mir zu einer Gegenwart geworden. Sie spürt mich, wie ich sie spüre, und doch sind wir irgendwie Teil voneinander. In dieser Gegenwart ist die Vergangenheit verborgen. Der friedliche Atem alter Zeiten weht mich an. Es ist, als ob die Bäume und die Steine Geschichten erzählen von einer Zeit lange vor meiner Geburt, Geschichten, die statt aus Worten aus Stimmungen bestehen. Je tiefer ich in die Stille eintrete, desto lebendiger wird mir die Verbindung zur Welt um mich her in der Intimität des Atems.

Kaum etwas eignet sich so gut für den Wiedereintritt in die Intimität wie ein Spaziergang in der Natur. Wenn Probleme meinen Geist beschäftigen, schiebe ich sie nicht etwa zur Seite, sondern konzentriere mich zu Beginn des Spaziergangs bewusst auf diese Probleme, wende mich den Gefühlen zu, die sich hinter ihnen verbergen, und öffne ihnen mein Herz[27]. Auf diese Weise leere ich meinen Geist und öffne mein Herz, was bedeutet, dass ich die Intimität mit mir selber wiederfinde. Aus dieser Intimität heraus stellt sich, wenn ich lange genug gehe, der lebendige Kontakt mit den Wesen und Elementen der Natur ganz von selber ein.

Wenn irgend möglich, laufe ich barfuß. Barfuß zu gehen, bringt mich augenblicklich zur Natur zurück und in Kontakt, schenkt mir außerdem ein Gefühl der Befreiung von den Grenzen und Zwängen, die ich mir im zivilisierten Alltag auferlege, und bringt mir die Unbeschwertheit der Kindheit zurück. Ich spüre, wie meine Füße den Körper der Erde berühren wie eine Liebkosung, und wie der Körper der Erde bei jedem Schritt meine Füße berührt.

Die innere und die äußere Welt

Die Software des Universums ist eine Realität,
ob sie jemals in der Hardware zum Ausdruck gebracht
und aktiviert wird oder nicht … Lassen Sie uns daher
unser Denken nicht auf unseren Körper beschränken.
Sie könnten Ihr Wesen unabhängig von Ihrem Körper
und unabhängig von Ihrem Verstand entdecken.

Pir Vilayat Khan: Das, was durchscheint durch das,
was erscheint

Ich lehne am Geländer einer kleinen Straße, die einen steilen Abhang hochführt, durch einen alten und sehr ursprünglichen Zauberwald. Vor mir ein sehr hoher alter Baum, bei dem ich immer gern verweile. Ich schaue den Baum an, begrüße ihn in Gedanken und versuche Kontakt mit ihm aufzunehmen. »Du suchst am falschen Ort«, sagt eine innere Stimme. Ja. Natürlich. Der richtige Ort ist innen. Statt nach außen zu schauen, wende ich mein Bewusstsein nach innen. In mir kann ich den Baum fühlen, nicht außerhalb.

Es gibt eine äußere Welt und eine innere Welt. In der äußeren Welt bin ich hier, und der Baum ist dort. In der inneren Welt entfällt der Raum. Das Wesen hat keinen Ort. Es ist nicht räumlich. Es ist überall und nirgendwo. Mein Wesen wie das Wesen des Baumes oder der Person, die ich anschaue, befindet sich überall und nirgendwo. Denke ich an jemanden, und derjenige denkt zugleich an mich, begegnen wir uns vielleicht irgendwo in diesem Nicht-Raum. Diese Begegnung hat den Charakter einer Berührung, da das Wesen nichts Abgegrenztes ist. Einander fühlend teilen wir einen Augenblick Sein miteinander, der uns beide berührt und bereichert, vielleicht verwandelt.

Die innere Welt, die äußere Welt. Welche ist wirklich innen, welche außen? Aus der Bewusstseinseinstellung der äußeren Welt heraus, der Welt, die unserer üblichen Sichtweise entspricht, befindet sich die innere Welt irgendwo im Innern – vielleicht des Körpers, des Herzens, des Solarplexus oder des Gehirns, oder zumindest muss man seine Aufmerksamkeit in diese Richtung lenken, um sie irgendwie zu erspüren. Die innere Welt ist das, was sich in der äußeren Gestalt verbirgt.

Aus der Perspektive der inneren Welt jedoch, losgelöst von Raum und Zeit, befindet sich die äußere Welt innerhalb der »inneren«. Nicht ich befinde mich in der Welt, sondern die Welt befindet sich in mir.

Dialog mit höheren Ebenen des Bewusstseins

> *Diese innere Perspektive kennenzulernen, lohnt sich, es hilft, die Natur der Realität besser zu verstehen und zu begreifen, warum die grundlegende Beziehung zwischen allem Intimität ist.*

Wie können wir diese innere Perspektive kennenlernen? Was müssen wir dafür tun?

> *Euer Bewusstsein buchstäblich umkrempeln. Statt zu denken: Hier bin ich, und dort bist du, sich völlig loslösen von »hier« und »dort« und feststellen, was übrig bleibt von »mir« und*

»dir«, wenn du dies tust. Es gibt keinen Raum – es gibt kein Anderswo und keine Gestalt: Wo ist dann der andere? Und: Was ist dann der andere? Und was bin dann ich? Ein Bündel von Gedanken und Gefühlen? Eine typische Art zu denken und zu fühlen? Und wenn ich Gedanken und Gefühle auch noch weglasse – als nicht das eigentliche Wesen seiend –, wer bin dann ich, wer bist dann du? Dann bleibt nur noch ein »Typisches«, Einzigartiges, ein Kern von Individualität, nicht wahr? Das ist das Wesen. Das eigentliche »Ich« (das individuelle). Dass jedes Wesen wiederum der individuelle Ausdruck ein und desselben Wesens oder Seins ist, steht auf einem anderen Blatt beziehungsweise in einem anderen Kapitel dieses Buches.

Dieses »ganz Typische«, dieses Individuelle, kleidet sich, wenn man so will, in einen Leib aus Gedanken, Gefühlen, Stimmungen, Energie und Fleisch und Blut, die ihm oder genauer gesagt einer Facette seines Wesens entsprechen. Aber es selber, das Wesen, ist formlos, gestaltlos und aus räumlicher Perspektive sowohl nirgendwo als auch überall, ebenso wie jedes andere Wesen nirgendwo und überall ist. Nun verstehst du vielleicht besser, warum du dem Baum nicht begegnen kannst, indem du ihn anschaust oder seine Blätter oder seinen Stamm berührst. Diese Geste mag eine Begegnung zwischen Wesen und Wesen auslösen. Diese Begegnung findet jedoch nicht dort statt, wo deine Hand und die Baumrinde einander berühren; sondern im Wesen selber, also »innen«, in der inneren Welt. Um die innere Welt zu finden, musst du aber nicht dein Bewusstsein in deinen Körper hinein lenken. Vielmehr musst du es von der Vorstellung befreien, ein Körper im Raum zu sein. Das gelingt am besten, indem du vom Schauen aufs Fühlen umschaltest. Fühlen ist von allen Arten der Wahrnehmung dem Wesen am nächsten.

Ihr könnt euch wünschen, die innere Perspektive in euren Träumen kennenzulernen. Wenn ihr dies mit echtem Interesse tut, und euch gleichzeitig darauf programmiert, euch an eure Träume zu erinnern, werdet ihr sie vielleicht träumen. Ob träumend oder meditierend: Ihr werdet es als ungeheuer befreiend empfinden, diese Perspektive kennenzulernen. Seht in allem das Wesen, begrüßt das innere Wesen, aber seht es nicht als etwas, das in der Gestalt versteckt ist, sondern spürt in euch selber hinein, um dem Wesen des anderen zu begegnen.

Das heilige Reich

Für den Heiligen ist nur der Geliebte heilig,
und den Geliebten sieht er überall ... Deshalb sind ihm
nicht besondere Dinge heilig und andere unheilig,
sondern er sieht das Heilige in allem und
den Geliebten im Herzen aller.

Safi Nidiaye: Die Stimme des Herzens

»Dein Reich komme.« Wir sollten diese Zeile aus dem Vaterunser jeden Tag beten und damit darum bitten, das Bewusstsein der Intimität wieder geschenkt zu bekommen. »Dein Reich« ist das Reich des Du – die Welt, in der mir in allem das Du begegnet und ich mich überall auf dem heiligen Territorium der Ich-und-Du-Beziehung befinde.

Das heilige Reich ist eine Einstellung des Bewusstseins.

Mit dieser Einstellung ist die Welt, die wir bewohnen – dieselbe Welt, die wir im alltäglichen Zustand wahrnehmen – von unglaublicher Schönheit. Hinter der uns flach und banal erscheinenden Alltagswelt liegt eine solche Liebe, ein solcher Glanz, dass wir zutiefst ergriffen sind. »Heilig, heilig, heilig«, singen die Cherubim, und sie singen das deshalb, weil sie der Realität auf den Grund schauen und von der Heiligkeit dieses Grundes überwältigt sind. Haben wir der Realität auf den Grund geschaut, so fällt uns kein anderes Wort mehr ein als »heilig«, die äußerste Steigerung von »heil«, und keine andere Gefühlsäußerung als ein »Lobpreisen« oder »Verherrlichen« kommt uns über die Lippen.

Das heilige Reich ist das Reich des Gesangs, der die Seele berührt. Jedes Vogelzwitschern, jedes Rauschen von Blättern im Wind ist Ausdruck dieses Gesangs, aber eben nur ein kleiner körperlicher Ausdruck einer gewaltigen geistigen Realität. Der Gesang, der die Seele berührt, ist die Freude am Wiedererkennen seiner selbst, die Freude an der Begegnung, die Liebe und das Entzücken, die das Eine Wesen mit sich selber teilt als »Ich und Du«.

Wenn der Wind die Blätter berührt, rauscht und raschelt es. Das haben wir oft genug erlebt. Manchmal berührt uns dieses Rauschen und Rascheln. Was wir im alltäglichen Bewusstseinszustand nicht wahrnehmen, ist, dass Wind und Blatt einander für einen Augenblick begegnen. Für uns sind beide mehr oder weniger leb- und seelenlose Dinge. Es rauscht und raschelt eben, wenn sie aufeinandertreffen. Das hat irgendwelche physikalischen Gründe. Aber in Wirklichkeit findet hier eine winzige Begegnung zwischen zwei lebendigen Wesen statt, und im Moment dieser Begegnung gibt es eine Ich-Du-Beziehung. Wer eingetaucht ist in die Welt der Intimität, kann spüren, dass das Rauschen und Rascheln der Gesang dieser Beziehung ist, und fühlen, wie dieser Gesang seine Seele berührt. Selbst wenn man sich im alltäglichen Bewusstseinszustand befindet, kann man, wenn man dem Blätterrauschen lauscht, ein Echo der Rührung, die in dieser Begegnung entsteht, in sich selber wahrnehmen als leichtes Ergriffensein.

Im »heiligen Reich« sind wir berührt und ergriffen, wo wir uns auch befinden und wem wir auch begegnen, denn alles ist »Du« und teilt sich uns im Augenblick der Begegnung mit, ebenso wie wir uns mitteilen. Unser Erleben ist von einer solchen Schönheit und Tiefe, dass wir – obzwar im Zustand innerer Stille – nicht wissen, ob wir lachen oder weinen sollen. Das Ergebnis ist meist ein beseligtes Lächeln mit Tränen in den Augen. Vielleicht vertragen wir nur sehr geringe Dosen dieser Wirklichkeit und fallen deshalb immer schnell wieder aus diesem wunderbaren Zustand heraus in die Alltäglichkeit.

Aber das »heilige Reich«, die Zauberwelt der Intimität, ist immer gegenwärtig, überall, in jedem Augenblick. Sowohl in banalen als auch in schreckerregenden Situationen befinden wir uns mitten im »heiligen Reich«. Alles, was wir zu tun haben, um es wiederzuentdecken, ist, jedem, der (oder das) uns begegnet, als einem Du gegenüberzutreten.

Der Heilige bemüht sich nicht, nett zu sein. Er begegnet einfach allem als seinem Du. In dieser Begegnung kann man nur aufrichtig sein. Sonst ist es keine Begegnung, weil ich mich immer noch in meiner Ich-Blase befinde und der andere Objekt ist, Objekt meines Urteils, meiner Betrachtung, meiner Erwartungen oder Wünsche.

Dialog mit höheren Ebenen des Bewusstseins

Das hast du mal wieder sehr schön gesagt. Wir sind ergriffen.

Meint ihr das ironisch?

Ironie ist uns fremd. Wir sind ergriffen und möchten noch etwas ergänzen, wenn du erlaubst.

Aber gern!

Es ist ein schöner Gedanke, das heilige Reich herbeizubeten, wie du es am Anfang dieses Kapitels vorgeschlagen hast. Aber mach keine allzu große Sache daraus. Das Heilige ist keine große Sache. Es ist klein. Einfach. Berühre den Boden, den du betrittst, achtsam. Küsse die Wange deines Freundes achtsam. Achte deinen Atem und deinen Körper, deine Wünsche und deine Gefühle, und du bist mitten im heiligen Reich.

Ja. Danke. Ich habe vielleicht ein wenig übertrieben.

Du hast nicht übertrieben … eher untertrieben. Die Heiligkeit der Wirklichkeit ist unvorstellbar, grenzenlos, gewaltig. Aber in sie einzutreten, ist eine kleine, einfache Sache.

Das klingt, als klaffe da ein Abgrund …

Der Abgrund klafft, wenn du eine allzu hehre Aufgabe daraus machst.
Gehe Schritt für Schritt voran, in Achtsamkeit, ganz einfach. Jeder achtsame Schritt ist ein Schritt im »heiligen Reich«.

Was ich weiter oben im Rausch der Begeisterung geschrieben habe, habe ich nicht herbeifantasiert. Ich habe es erlebt und war tatsächlich überwältigt.

Ja. Das sind Momente, in denen dein Bewusstsein erhoben wurde. Es ist gut, die Erinnerung an diesen Bewusstseinszustand zu wecken. Jeder kennt ihn, aber die meisten haben ihn vergessen. Dennoch musst du eine Brücke zu diesem Zustand bauen. Diese Brücke ist die Alltäglichkeit. Es geht nicht um etwas Besonderes. Es geht darum, das alltägliche Leben, wie es ist, zu heiligen.

Das habt ihr schön gesagt.

Intimität mit der inneren Stimme

Ich führe dich immer und überall …
Sieh Meine Hand in allem, was dir geschieht.

Safi Nidiaye: Den Weg des Herzens gehen

Es gibt eine Stimme, die uns führt, ein Wissen, das aus unserem Innern auftaucht und das einzig und allein für uns selber bestimmt ist. Diese Stimme ist uns näher als unser Atem, näher als unsere Gedanken. Und gerade weil sie uns so nah ist, bemerken wir sie meistens nicht. Die schwierigen Phasen im Leben und die Momente, da uns das Wasser bis zum Hals steht, sind insofern kostbare Gelegenheiten, als sie uns dazu zwingen, auf diese innere Stimme zu achten – einfach weil alles andere versagt hat. Die innere Stimme ist unsere eigene und doch nicht unsere eigene. Sie entstammt einer Schicht unseres Wesens, die uns im Alltagszustand nicht bewusst ist. Das Wissen, das die innere Stimme ausdrückt, ist ein unmittelbares. Es entstammt unserer Intimität mit allem, was ist. Dagegen ist alles Wissen und Verstehen, das wir aus dem Verstand beziehen, mittelbar. Wir brauchen eine Sinneswahrnehmung und eine Interpretation dazu. Der Verstand erfasst die Welt aus der Distanz heraus. Das »Gefühl« – die Intuition – erfasst sie aus der Intimität. Der Sterbeprozess kann eine Heimkehr zur Quelle dieser inneren Stimme sein. (Aber wir müssen nicht sterben, um diese Heimkehr anzutreten. Wir können es auch jetzt tun, mitten im Leben.)

Die schönste Entdeckung, die ich in meinen *Retreats*[28] gemacht habe, ist die Intimität mit dieser inneren Stimme. Ich brauche nur einen oder zwei Tage lang mit niemandem zu sprechen und das innere Geplapper durch spirituelle Übungen zum Schweigen zu bringen, und schon schaltet sich mein inneres »Du« ein, belehrt mich, inspiriert mich, führt mich und gibt gelegentlich auch heitere Kommentare zu meinem Tun ab. Es gab eine Zeit in meinem Leben, da ich ununterbrochen übte, den Weg zu gehen, den die innere Stimme mir wies. Dies war eine Zeit der Wunder für mich. (Das Buch *Den Weg des Herzens gehen* erzählt davon und gibt Botschaften des inneren Selbst wieder.[29])

Allzu oft versuche ich, meine Probleme zu lösen, ohne das innere Wissen einzubeziehen. Doch sobald es mir einfällt, wende ich mich mit meinen Fragen nach innen und bekomme unweigerlich Antwort. Und zwar immer die Antwort, die mir hilft, den nächsten Schritt zu tun. Mehr bekommt man meistens nicht aus dieser Quelle, und mehr wäre ja auch zu viel. Denn wir brauchen nichts weiter als das, was wir im gegenwärtigen Moment benötigen.

Doch Vorsicht! Nicht jeder Gedanke, der als Antwort auf eine Frage auftaucht, die man selber sich stellt, ist unbedingt die »innere Stimme«. Ich habe eine lange Schulung durchlaufen, die mir geholfen hat, bei Bedarf jene innere Klarheit und Entschiedenheit herzustellen, die nötig ist, um die echte innere Stimme hervorzulocken und nicht eine der vielen Stimmen unserer Ängste, unserer Wünsche oder unseres Verstandes.[30] Die beiden wichtigsten Grundeinstellungen, die vorhanden sein müssen, um sich nicht selbst zu täuschen oder Opfer sogenannter »Foppstimmen« zu werden, sind die Folgenden:

Erstens sollte man sich darüber im Klaren sein, welche Frage man wirklich auf dem Herzen hat, und diese dann sehr klar auf den Punkt bringen. »Verstandesfragen«, die nicht wirklich von Belang sind, werden nicht beantwortet. (Die kann sich der Verstand selber beantworten.) Berücksichtigt werden nur Fragen, die aus aktuellem und echtem persönlichen Interesse gestellt werden.

Zweitens muss man ausschließlich an der Wahrheit interessiert sein. Das heißt, man muss mit einer neutralen Einstellung fragen und die Wahrheit auch wirklich erfahren wollen. Sonst läuft man Gefahr, sich selbst zu belügen.

Der Weg der inneren Stimme ist ein schmaler Grat. Auf der einen Seite lauert die Selbsttäuschung, die dadurch entsteht, dass wir bewusst oder unbewusst mit Wünschen und Ängsten identifiziert sind. Auf der anderen Seite wohnen Wahnsinn oder Aberglaube. Durch ein nüchternes Training der Bewusstheit mit Hilfe von Methoden wie Zen-Meditation, Vipassana oder Körperzentrierte Herzensarbeit[31] gewinnt man das notwendige Unterscheidungsvermögen. Und nicht zuletzt durch ein uneingeschränktes Interesse an der Wahrheit. Letzteres ist theoretisch leicht zu bekräftigen, aber in der Praxis schwer durchzuhalten. Denn wir sind nun einmal menschliche Wesen, und das bedeutet, dass wir Ängste und Wünsche haben. Einen Großteil dieser Ängste und Wünsche bemerken wir nicht bewusst, sondern sind ohne es zu merken mit ihnen identifiziert. Wenn ich nun meine innere Stimme zu einem Thema befragen möchte und dabei unbewusst Angst vor einer bestimmten möglichen Antwort habe oder mir eine gewisse Antwort wünsche, werde ich mich selbst blockieren. Anstelle des inneren Wissens wird entweder ein inneres Schweigen auftauchen oder ein Gedanke, der nicht der Quelle des inneren Selbst entstammt, sondern dem Teil des Unterbewusstseins, der mit der betreffenden Angst oder Sehnsucht identifiziert ist.

Es gibt jedoch eine einfache Lösung für dieses Problem. Sie besteht darin, die inneren Vorgänge bewusst wahrzunehmen, in einer Haltung der Neutralität, die es einem ermöglicht, jede auftauchende Stimme und Regung einfach wahrzunehmen, ohne sich mit ihr oder einer Gegenmeinung oder sonst einem Teil zu identifizieren. Was das bedeutet und wie man es erlernen kann, habe ich unter anderem in *Aufwachen und lachen* ausführlich beschrieben. Wenn ich bewusst bleibe, merke ich, dass bereits in meiner Fragestellung eine Angst oder ein Wunsch mitschwingt. Der lösende Trick besteht nun darin, dieser Angst oder diesem Wunsch sein Herz zu öffnen (anstatt zu denken, man müsse diese Gefühle beiseiteräumen, um an die Wahrheit zu gelangen). Kann ich diese Angst oder Sehnsucht bewusst fühlen, anstatt sie nur zu haben? Was braucht sie von meinem Herzen? Sobald mein Herz für die betreffende Angst oder Sehnsucht offen ist, ist auch der Weg frei für die Wahrheit, das innere Wissen, die innere Stimme.

Nach all diesen Warnungen kann ich Ihnen nur von ganzem Herzen empfehlen, das innere Du, die Quelle der »inneren Stimme« zu entdecken, anzusprechen, ihm Ihre Sorgen, Ängste, Wünsche und Probleme mitzuteilen und ihm gut zuzuhören. Es entsteht ein wundervolles Gefühl der Intimität, der Geborgenheit, des Aufgehobenseins und der Liebe, wenn man sich in diesem inneren Dialog übt. Wenn Sie ein im Prinzip psychisch gesunder Mensch sind und die Warnungen beachten, die ich oben gegeben habe[32], werden Sie dabei hoffentlich nicht in die Falle der Selbsttäuschung, Besessenheit oder Verrücktheit tappen. Im Gegenteil, Ihre Klarheit und Ihr Verständnis für sich selber, für andere und für Situationen werden sich steigern. Sie werden mehr »Durchblick« haben. Oder anders gesagt: Der Teil Ihres Wesens, der diesen Durchblick bereits hat – Ihr inneres Selbst – wird sich mehr, öfter und besser manifestieren können, weil Sie ihm Gelegenheit dazu geben.

Ich und Du. Das erste Du befindet sich in unserem eigenen Innern. Bevor wir in das Bewusstsein der ursprünglichen Einheit zurückkehren können, müssen wir das Du wiederentdecken. Von unserem gewohnten Ich-Es-Bewusstseinszustand führt kein direkter Weg nach Hause in die Einheit.

Manche versuchen es und landen in einem vagen Gefühl von etwas, das ihnen wie ein erleuchteter Zustand des Einsseins erscheint, von der Realität des Erwachens jedoch weit entfernt ist. Der Weg zur Einheit führt über das »Ich und Du«.

Wahr und wahrhaftig bleibt dieser innere Dialog nur, solange wir in der unmittelbaren Beziehung mit der inneren Stimme stehen. Sobald wir ein »Es« aus ihr machen, eine Erkenntnis, eine Aussage, sind wir aus der Gegenwärtigkeit herausgefallen und versuchen, etwas Vergangenes (auch der eben vorübergegangene Augenblick ist bereits Vergangenheit) festzuhalten und in eine Form zu gießen, die wir in die Zukunft mitnehmen können. Daran ist nichts falsch; es scheint sogar unausweichlich zu sein. »Jedem Du in der Welt ist seinem Wesen nach verhängt, Ding zu werden oder doch immer wieder in die Dinghaftigkeit einzugehen.«[33] Die wahre Intimität findet jedoch nur in der Gegenwart statt. Der nächste Augenblick ist bereits eine neue Gegenwart, und auf dieselbe Frage ist die Antwort in einem Augenblick eine andere als im nächsten.

Die eigentliche Begegnung findet jedoch nicht im Dialog mit der inneren Stimme statt, also nicht in den Worten.

Worte sind nur ein Mittel. »Nur wo alles Mittel zerfallen ist, geschieht die Begegnung.«[34]

Können Sie auf den Austausch von Worten, auf Frage und Antwort verzichten und Ihrem inneren Du unmittelbar begegnen?

Das ist das wahre Gebet.

Praktische Anregungen zu diesem Kapitel

- Nehmen Sie sich jeden Morgen vor, Ihre innere Stimme zu bemerken und ihr augenblicklich zu gehorchen.
- Gehen Sie abends vor dem Einschlafen die Ereignisse des Tages durch und prüfen Sie: Wo habe ich auf die innere Stimme gehört? Wo nicht? Prägen Sie sich den Moment ein, in dem die innere Stimme zu Ihnen sprach, damit Sie sie beim nächsten Mal deutlicher erkennen.
- Üben Sie Wahrhaftigkeit. Wenn Sie sich selbst gegenüber nicht gnadenlos ehrlich sind, werden Sie dazu neigen, die innere Stimme zu verfälschen beziehungsweise, sich von »inneren Stimmen« einfangen zu lassen, die bestimmte Wünsche oder Ängste repräsentieren und nicht die innere Wahrheit.
- Üben Sie, einfach mit sich selber zu sein – ohne zu denken, ohne zu tun.

Reden und Schweigen

Das Herz verlangt nach Ausdruck;
seine Kraft aber erhöht sich durch Schweigen.

Safi Nidiaye: Die Stimme des Herzens

Intimität liegt jenseits von Worten, kann mit Worten weder herbeigeredet noch festgehalten, sehr wohl aber zerstört werden. Wir sind heute von einem ungeheuren Kommunikationsbedürfnis erfüllt. Die wenigsten unter uns ertragen gemeinsames Schweigen. Viele können kaum länger als einen halben Tag existieren, ohne wenigstens am Telefon mit ihren Lieben zu reden.

Afrikanischer Besuch

Zu Besuch bei einem – angeheirateten – afrikanischen Teil meiner Familie. Die Familie ist groß, und die Leute, die wir heute besuchen, kenne ich noch nicht. Als wir beim Haus dieser Familie ankommen, stellt man eine Reihe von Stühlen in den Innenhof. Wir und eine ganze Reihe von Männern und Frauen, die, wie ich vermute, zur Verwandtschaft gehören, nehmen darauf Platz. Jemand bringt Erfrischungsgetränke. Eine sehr lange Weile lang – vielleicht eine Viertelstunde, vielleicht eine halbe – sitzen wir schweigend beisammen. Dann löst sich die Versammlung auf, Hände werden geschüttelt, und wir fahren wieder. Niemand scheint es seltsam zu finden, dass bei diesem Besuch kein Wort geredet wurde. Und so verliere auch ich keines darüber.

Seit diesem rätselhaften familiären Beisammensein sind viele Jahre vergangen – Jahre, in denen ich meditieren lernte und gelegentlich erlebt habe, wie heilsam, klärend und erhebend es sein kann, gemeinsam mit einem anderen Menschen einfach still zu sitzen und zu meditieren, auch wenn – oder gerade weil – kein Wort dabei geredet wird. Man kann einfach »Gegenwart miteinander teilen« (im New-Age-Amerikanischen klingt das so wunderbar einfach: *share presence*).

Was ist schlimm daran, zusammen zu sein, ohne zu reden? Was ist das Schlimme am Schweigen? Die meisten Menschen haben große Angst davor, auch wenn sie sich das vielleicht nicht eingestehen. Vielleicht ist da die Angst, dass die Verbindung abreißt, wenn keine Worte gewechselt werden. Oder wir fürchten uns vor den Gedanken, die sich im Hirn des anderen breitmachen könnten, wenn wir nicht reden. Oder haben Angst, dass man uns langweilig finden könnte. Es könnte peinlich sein. Man könnte denken, wir wüssten nichts Intelligentes zu sagen.

Herausfinden, was tatsächlich dahintersteckt, kann nur jeder für sich allein.

Kleine Übung

Erinnern Sie sich an eine Situation, in der sich ein Schweigen zwischen Ihnen und einer anderen Person ausgebreitet hat, das Sie nicht ertragen konnten.

Wenn es in Ihrer Erinnerung keine solche Situation gibt, denken Sie einfach an eine beliebige Situation, in der Sie mit jemandem geredet haben, wie man eben redet. Stellen Sie sich vor, es wäre geschwiegen worden. Sie hätten nichts getan, um das Schweigen zu beenden. Stellen Sie es sich wirklich vor. Welches Gefühl weckt diese Vorstellung in Ihnen? Beklemmung? Angst? Angst, wovor? Oder einfach Erleichterung? Wo sitzt dieses Gefühl im Körper? Wie fühlt es sich an? Was braucht es von Ihrem Herzen?

Wenn Sie das nächste Mal zum Handy oder zum Hörer greifen, um ohne zwingenden Anlass einen Freund, eine Freundin, Mutter, Vater, Schwester oder Bruder anzurufen, halten Sie zunächst einen Augenblick inne.

Aus welchem Bedürfnis oder Wunsch heraus rufen Sie an? Was bezwecken Sie?

Was wäre, wenn Sie nicht anrufen würden?

Was könnte passieren? Was befürchten Sie?

Machen Sie sich diese Furcht bewusst. Fühlen Sie sie. Öffnen Sie Ihr Herz dafür und machen Sie sich klar, dass das, wovor Sie sich fürchten, ebenfalls (nur) ein Gefühl ist. Öffnen Sie Ihr Herz auch für dieses Gefühl.

Entscheiden Sie dann, ob Sie zum Telefon greifen oder nicht.

Meistens tauschen wir Worte aus, um uns zu vergewissern, dass wir nicht allein sind, dass es eine Verbindung gibt – eine Verbindung, die wir aktivieren, indem wir reden. Nur leider wird echte Intimität oft gerade durch das Reden zerstört. Es gibt allerdings eine Art von Verständigung mit Worten, welche die Intimität fördern kann. Das sind dann Worte, die von Herzen kommen und mit denen wir ein Gefühl offenbaren, das gerade in unserem Herzen vorherrscht, ohne dass wir unserem Gesprächspartner die Verantwortung dafür aufbürden. Oder Worte, mit denen wir echtes Interesse an unserem Gesprächspartner zum Ausdruck bringen – Fragen etwa, die nicht aus Eigennutz gestellt werden, sondern aus wohlwollendem Interesse.

»Warum bist du traurig?« Diese Frage kann bedeuten, dass ich mich von der offensichtlichen Trauer des anderen verunsichert fühle. Und um dieses Gefühl nicht ertragen zu müssen, möchte ich wissen, woran ich bin.

Es kann aber auch bedeuten, dass mir das Wohl und Wehe meines Partners am Herzen liegt und ich bereit bin, mich seinen Gefühlen zu öffnen.

Die Liebe liebt das Schweigen mehr als Worte. Worte können die echte Begegnung, die sich vielleicht gerade anbahnt, im Keim ersticken. Wirkliche Intimität halten wir nicht lange aus. Deshalb neigen wir dazu, uns in Worte zu flüchten, wenn es intim wird, das heißt, wenn unser Innerstes und das Innerste des anderen einander berühren.

Seien wir am Ort dieser Berührung, statt an dem Ort, an dem Gedanken und Worte entstehen. Begegnung geschieht – wir können sie nicht erzwingen – und vergeht auch wieder. Wir können sie nicht festhalten. Aber wir können sie geschehen lassen, ohne uns abzuwenden.

Übung für Liebende

Geht einmal schweigend miteinander spazieren. Genießt es, Gegenwart miteinander zu teilen, ohne zu reden. Enthaltet euch auch überflüssiger Gesten der Zuneigung. Mit »überflüssig« ist gemeint: nicht spontan, nicht echt. Isoliert euch jedoch nicht in der Welt eurer Gedanken, sondern bleibt in Kontakt, ohne zu reden, ohne zu tun.

Auch in der sexuellen Begegnung können Worte die Intimität zerstören. In vollkommenem Schweigen kann sich das Fühlen entfalten, kann sich das Zusammensein spontan und kreativ gestalten. Allerdings kann ein Mangel an verbalem Austausch auch zu vielen Missverständnissen führen. Manche Therapeuten raten deshalb dazu, Gespräche über Sex dann zu führen, wenn er gerade nicht stattfindet, um diese Missverständnisse zu klären und einander offen und ehrlich mitzuteilen, wie man sich fühlt, was man sich wünscht, was einen stört, und so fort.

Feedback geben ist eine Art der Kommunikation, die Intimität fördern kann. Das bedeutet: Ich teile dir mit, wie ich mich fühle, wenn du dies tust oder jenes nicht tust. Ich informiere dich darüber, was es mit mir macht. Ich werfe dir nichts vor, verlange nichts von dir, beurteile dich nicht, sondern lasse dich wissen, was ich fühle. Und von dir erbitte ich das gleiche ehrliche Feedback: Was macht es mit dir, wenn ich dies tue oder jenes nicht tue? Wie fühlst du dich dabei? Allerdings sollte man das nur fragen, wenn man wirklich an den Gefühlen des Partners interessiert ist, und auch dann noch für die Information offen bleiben, wenn sie emotionale Reaktionen auslöst.

Zu viel Reden zerstört oder verhindert Intimität. Zu wenig Reden kann zu Missverständnissen führen, die der Intimität ebenfalls im Wege stehen. Um das richtige Maß zu finden, ist es gut, Intimität mit sich selber zu pflegen, sprich: bei sich zu sein, seine eigenen Gefühle wahrzunehmen und erst dann zu reden, wenn man sich seiner eigenen Gefühle und Beweggründe bewusst ist und ihnen sein Herz geöffnet hat.

Praktische Anregungen zu diesem Kapitel

- Üben Sie sich im Schweigen. Beobachten Sie, was es mit Ihnen macht, sich nicht aktiv an einem Gespräch zu beteiligen. (Diese Übung ist allerdings uninteressant für Leute, die sich sowieso lieber zurückhalten, beispielsweise aus Schüchternheit oder Unsicherheit.)
- Üben Sie, mit Ihrer Aufmerksamkeit bei Ihrem Herzen zu sein. Hören Sie mit dem Herzen zu, statt mit dem Kopf. Reden Sie nur, wenn das, was Sie sagen wollen, von Herzen kommt.

Kommunion – Kern der Religion

*Eigentlich gibt es nur einen inneren Ruf,
aber die verschiedenen Religionen haben
verschiedene Methoden entwickelt, damit sich
der Mensch dessen bewusst wird.*

Shri Anandamayi Ma: Matri Darshan

Am Anfang jeder Religion stand eine Offenbarung. Was ist eine Offenbarung? Ein Augenblick der Intimität zwischen Gott und Mensch. Das Eine Wesen wird für einen Augenblick gegenwärtig, und in diesem Moment der Gegenwart ereignet sich Erkennen. Diese Erkenntnis nennen wir »Offenbarung«: Gott offenbart sich einem Menschen.

Kommentar von höheren Ebenen des Bewusstseins

In jeder Original-Offenbarung ist ein Stück Wahrheit enthalten. Keines ist höher oder geringer als das andere. Jedes entspricht dem Umfeld, in dem es auftauchte. Wenn ihr alle diese Teile zusammenfügt, erhaltet ihr eine Idee von der Wahrheit, die euch allerdings verwirren wird, denn sie muss eurem Verstand paradox erscheinen.
Das Kernstück der Offenbarung ist nicht das aus dem Moment der Erkenntnis abgeleitete Wissen. Das Kernstück ist der Augenblick der Intimität, in dem diese Erkenntnis stattfand.

Der Empfänger der Offenbarung wurde durch diese Begegnung mit dem Höchsten erschüttert, verwandelt, tief berührt, möglicherweise erleuchtet. Und versuchte nun, so gut er konnte, diese Offenbarung in Worte umzusetzen, um sie anderen mitzuteilen.
Wenn es sich um eine echte Offenbarung handelte, waren die ersten Worte, die er dafür fand, noch erfüllt von der Kraft der Intimität seiner Begegnung mit dem Göttlichen. Sie trafen deshalb die Menschen tief ins Herz und verwandelten sich dort ebenso in Erkenntnis.
Diese ersten Zuhörer oder Jünger des Propheten waren somit noch inspiriert von der Originalbotschaft. Nun versuchten sie, mit ihrer Begeisterung andere anzustecken. Diese anderen erhielten die Botschaft nun aus dritter Hand, wieder andere aus vierter und so fort … und mit jeder neuen Übertragung wurde ein Stück persönliche Interpretation, sozusagen ein Missverständnis, hineingemischt, verschwanden ein wenig Wahrheit und ein wenig Kraft aus der Botschaft.
Und doch war noch genug darin enthalten, um jeweils Millionen von Menschen davon zu überzeugen, dass es sich um die Entdeckung einer neuen Wahrheit handelte.
Dann kamen Menschen und gossen die Offenbarung in eine Form. Und damit sie in eine Form passte, die ihrem Verständnis oder ihren Zwecken entsprach, musste hier und da etwas abgeschliffen, hinzugefügt, weggelassen oder anders ausgedrückt werden. So entstand die »Religion«.
Der Kern jeder Religion, wir wiederholen es, ist die Intimität mit dem Göttlichen im Moment der Offenbarung. Alle unverfälschten Originaltexte, welche die erste Formulierung dieser Offenbarung, die noch im vollen Licht der Erleuchtung entstand, wiedergeben, enthalten noch etwas von dieser ursprünglichen Intimität, so dass sie die Kraft haben, die

Herzen derer, die diese Worte lesen oder hören, zu berühren und aufzuwecken.

Alles, was später daraus gemacht wurde, reduziert, verwässert, entkräftet oder verfälscht die ursprüngliche Botschaft und verkennt – absichtlich oder unabsichtlich – völlig, worum es eigentlich geht: um Intimität. Gott erneuert mit einer solchen Offenbarung seinen »Bund« mit der Menschheit. Er/Sie lässt seine Gegenwart spüren, bringt sich in Erinnerung. Oder, noch anders gesagt: In solchen Momenten erinnern wir uns selber, wer wir eigentlich sind: Manifestationen der göttlichen Intelligenz, Kinder Gottes, Teil und Ausdruck des Einen Wesens.

Zu allen Religionen gehören Rituale, die es, direkter als Worte vermögen, die ursprüngliche Intimität zwischen Mensch und Gott in Erinnerung zu bringen und wiederherzustellen. Eines der schönsten und tiefsten Rituale ist die Kommunion, die es in der christlichen wie in der jüdischen Tradition gibt: Brot wird gebrochen, Wein geteilt. Dieser symbolträchtige und heilige Moment gibt uns die Möglichkeit, wieder in die ursprüngliche Intimität einzutauchen und dem Göttlichen zu begegnen.

Alle Worte der Offenbarungen, alle Gebete, alle Rituale sämtlicher Religionen kreisen im Grunde um diesen heiligen Kern aller Religion: die Kommunion, das Mysterium des Sich-selbst-miteinander-Teilens, in dem sich das ursprüngliche Geheimnis der Schöpfung wiederholt.

Ebenso wie in allen Beziehungen wechseln wir auch in unserer Beziehung zu Gott zwischen Ich-Du und Ich-Er hin und her.

»Das ewige Du kann seinem Wesen nach nicht zum Es werden…«[35]

Es ist offenbar unvermeidlich, jedenfalls für die meisten von uns, dass wir aus der Begegnung wieder heraustreten und anfangen, über sie nachzudenken, sie auszuwerten, über sie zu sprechen, so dass unser ewiges Du wieder zum »Es« wird. Daran ist im Prinzip nichts Schlechtes. Es ist einfach so. Schlecht ist es nur, wenn wir vor lauter »Es« das »Du« völlig vergessen.

Religion soll uns »rückverbinden« mit unserem Ursprung (das ist der Sinn des Wortes). Wenn wir sie in diesem Sinne verstehen, können ihre Rituale, Gebete, Zeremonien und Worte uns helfen, uns der lebendigen Beziehung mit unserem höchsten Selbst bewusst zu werden und wieder in sie einzutreten, sie zu »aktivieren«.

Diese Beziehung ist eine Wechselbeziehung. Wir neigen oft dazu zu glauben, unsere Verbindung zu Gott sei eine Einbahnstraße; wir seien die Bittenden, die Bedürftigen, die Empfangenden und Er/Sie bedürfe nichts. Aber gäbe es uns, wenn es so wäre? »Dass du Gott brauchst, mehr als alles, weißt du allzeit in deinem Herzen; aber nicht auch, dass Gott dich braucht, in der Fülle seiner Ewigkeit dich?«[36]

Dialog mit höheren Ebenen des Bewusstseins

In diesem ganzen Buch, bei diesem ganzen Thema geht es eigentlich um Religion, wird mir gerade klar. Rückverbindung zur Wahrheit … zur Intimität.

So ist es. Du solltest eine neue Religion gründen.

Haha. Sehr komisch.

Nun. Gott ist nicht religiös. Aber gelegentlich schickt er euch eine Religion, um euch wieder einzufangen. Wenn ihr euch allzu weit von zu Hause entfernt habt bei euren Spielen. Wenn ihr vergessen habt, dass es überhaupt ein Zuhause gibt. Dann schickt er euch eine Religion, um euch wieder daran zu erinnern. Natürlich könnt ihr euch in Wahrheit nicht aus dem Zuhause entfernen, sondern seid immer darin; aber ihr könnt euch in eurem Bewusstsein so sehr abspalten und vereinzeln, dass es genau so ist, als hättet ihr euer Zuhause verloren.
Die Heimkehr des verlorenen Sohnes ist nichts als eine Erinnerung an das Zuhause. »Der verlorene Sohn kehrt heim« bedeutet, ihr erinnert euch an euren Ursprung, die Einheit.

Könnt ihr uns bitte mit diesem Buch nachhaltig daran erinnern?

Das ist der Sinn des Unterfangens.
Ihr müsst allerdings auch berücksichtigen, dass ein großer Teil eurer Persönlichkeit nicht die geringste Lust hat, sich zu erinnern und heimzukehren – ähnlich wie Kinder, die im Freien spielen, nicht unbedingt Lust haben, nach Hause zu gehen. Erst wenn sie hungrig oder müde sind, erinnern sie sich an ihr Zuhause und kehren freiwillig heim. Genauso ist es mit euch. Eure Mutter ruft euch, und ihr wollt sie nicht hören, ihr wollt weiterspielen. Ihr habt Angst, dass die Heimkehr das Ende aller Spiele bedeuten würde, und das wäre furchtbar langweilig.

Stimmt genau.

Mit anderen Worten: Ihr müsst nicht jammern, dass ihr nicht mit mehr Nachdruck an das gemeinsame Zuhause, die Einheit erinnert werdet, wenn ihr auf der anderen Seite gar keine Lust habt heimzukehren.

Genießt eure Spiele, eure Abenteuer. Lebt und tobt euch nach Herzenslust aus, wie Kinder es tun, und kehrt heim, wenn es für euch Zeit ist. Es ist sehr einfach.
Diejenigen aber, die leiden, weil sie im Bewusstsein der Trennung leben und nicht wissen, wie sie es ändern können, finden vielleicht durch eine Religion einen Weg nach Hause. Oder durch Meditation. Oder Gebet. Oder durch dieses Buch.

Gebet

Es gibt eine weitere Art des Betens …
In dieser Art des Betens versucht der gottbewusste Mensch, sich Gott immer näher anzunähern und mit Ihm eins zu werden.

Hazrat Inayat Khan: Gebet – Atem der Seele

Nichts hilft mir so sehr, in die Wirklichkeit der göttlichen Gegenwart einzutreten, wie Gebet. Ganz gleich, wie gläubig oder wie skeptisch ich gerade gestimmt sein mag – echtes Gebet, ein Gebet, das von Herzen kommt und etwas ausdrückt, das ich akut auf dem Herzen habe, wird immer erwidert.

Der nächste Schritt im Gebet, nachdem die persönlichen Nöte dargelegt und die Bitten ausgesprochen sind, besteht nun darin, all dies zur Seite zu legen und sich der Gegenwart desjenigen zuzuwenden, der am »anderen Ende der Leitung« zuhört. Ohne Worte, ohne Verlangen, ohne überhaupt etwas Bestimmtes – sich einfach hinzuwenden.

Körperzentrierte Herzensarbeit[37] ist für mich oftmals ein ganz natürlicher Weg ins Gebet. In dem Augenblick, da mein Herz aufgeht, wandelt sich meine innere Atmosphäre von Angst, Trauer, Zorn oder Schmerz in Liebe und Dankbarkeit, und aus Dankbarkeit und Liebe wird bisweilen eine Art Lobgesang. Auf den Schwingen von Lob und Verherrlichung fliege ich dem Höchsten buchstäblich entgegen.[38] Und manchmal geradewegs in seine ausgebreiteten Arme.

Die persönlichen Nöte, Wünsche, Probleme zu offenbaren und mit dem höchsten Pol seines Wesens zu teilen, ist ein Weg ins Gebet. Ein anderer kann darin bestehen, Gebete nachzusprechen, die erleuchtete Wesen formuliert haben. Wenn Sie einmal über solche Texte meditieren, werden Sie feststellen, dass diese Worte tiefen Sinn und große Kraft haben.[39]

Große Not kann uns nach Hause bringen in die Intimität mit Gott. In Momenten höchster Not beten auch die größten Atheisten. Offenbar existiert in uns allen, welche Auffassung wir auch haben mögen, das Wissen oder zumindest die Hoffnung, dass die Appelle, die wir in Gedanken an eine höhere Instanz richten, gehört werden.

Dialog mit höheren Ebenen des Bewusstseins

Mir fällt auf, dass das Wort »Gebet« mit Geben verwandt ist. Das ist bestimmt kein Zufall?

Üblicherweise kennt ihr Gebet vor allem als etwas, in dem ihr eine vage höhere Autorität um etwas bittet, das sie euch geben soll. Das wahre Gebet aber ist, wenn ihr euch gebt. Dieses Gebet ist ein Darbringen eurer selbst, mit allem, was euch im gegenwärtigen Augenblick beschäftigt, an die höchste Gegenwart. Ihr gebt euch ihr, und sie gibt sich euch. Wenn das geschieht, ist es Gebet (»gebet euch einander«). Alles andere ist Vorbereitung auf das Gebet. Notwendige Vorbereitung oft, wie du sehr richtig sagst: Erbitten, was du brauchst, ob Nahrung oder Antwort; klagen, worüber du klagen möchtest; danken, wofür du danken möchtest, oder Gott deine Gefühle

und Gedanken anvertrauen. Mit alldem öffnest du die Tür zu dem, den du suchst – die Tür deines eigenen Herzens, das sich im Moment deiner Bitten und Fürbitten deinen eigenen Gefühlen öffnet.
Ist dein Herz offen, befindest du dich in dem Zustand, in dem Begegnung stattfinden kann. Gib dich ganz. Geh dieser Begegnung entgegen mit allem, was du bist und hast. Und er, den du suchst, wird da sein.

Meditation

Soll Gott sein Wort in der Seele sprechen,
so muss sie in Frieden und in Ruhe sein;
dann spricht er sein Wort und sich selbst
in der Seele – nicht ein Bild (von sich),
sondern sich selbst.

Meister Eckhart: Stille und Ewigkeit

Meditation ist Heimkehr in die Intimität. In der Meditation löse ich mich aus der Identifikation mit dem vereinzelten, abgespalteten Ich und kehre zurück in die Einheit. Das ist jedenfalls ein Teil der Meditation. Ich erinnere mich an zu Hause. Ich erinnere mich an meinen Ursprung. Ich erinnere mich, wer ich bin.

Dies geschieht nicht, indem ich mir das einrede und dann die Augen schließe und es bekräftige und mir vorstelle … Das ist nicht Meditation, sondern Autosuggestion. Es geschieht durch Bewusstwerdung. Es ist ein Erwachen, das dadurch geschieht, dass ich ihm Raum gebe. Im alltäglichen Bewusstseinszustand bin ich ständig mit den Dingen der Welt beschäftigt. Es gibt kaum Raum für Bewusstwerdung. Hier und da glimmt ein Funke Bewusstheit auf … wird vielleicht gespeichert, vielleicht umgesetzt oder auch nicht … Dann verlöscht er wieder. In der Meditation schaffe ich Raum für Bewusstwerdung, für Erwachen, indem ich eben nichts tue, indem ich mich aller Beschäftigungen enthalte, auch aller Gedanken. Ich höre nicht auf zu denken, aber ich höre auf, mich von Gedanken einfangen und ablenken zu lassen. Ich tue buchstäblich nichts, bin aber wach. Das heißt, ich lasse mich nicht in Träumereien treiben. Ich lasse mich von keinerlei Bewusstseinsinhalt fangen. Meine Aufmerksamkeit ist präsent. Ich nehme meinen Atem wahr, Sinneseindrücke, Empfindungen, Gedanken, Gefühle, aber ich tue nichts damit. Ich lasse mich nicht von ihnen einfangen, greife nicht ein, versuche nicht, sie zu verändern. Ich laufe ihnen nicht nach und gehe ihnen nicht aus dem Weg. Ich bin einfach da.

Was geschieht, wenn ich einfach da bin und nichts tue, aber hellwach bin?

Bewusstheit taucht auf. Erkennen. Erwachen. Erinnerung.

Dafür gibt die Meditation Raum.

Das klingt wie eine ziemlich abstrakte und langweilige Sache. Tatsächlich aber ist es ein Eintauchen in die absolute Intimität. Ich erwache zur Wahrheit. Und diese Wahrheit ist keine abstrakte, blutarme Angelegenheit, sondern ein Wesen – ein Wesen, das alles umfasst, was ist. Auch mich. Ich bin Teil von ihm, wie es Teil von mir ist und von allem anderen.

Dieses Erwachen geschieht jedoch nicht, indem ich es forciere oder mir einrede; sondern indem ich ihm Raum gebe. Um Raum geben zu können, muss ich mich von allen Vorstellungen lösen, von allen Absichten und einfach nur da sein.

Es gibt natürlich andere Arten der Meditation, in denen dieses Erwachen bis zu einem gewissen Teil aktiv herbeigeführt wird, durch allerlei spirituelle Übungen – wie Mantras, Atemübungen, Lichtübungen, Anrufung, die Versenkung in ein erleuchtetes Wesen wie Jesus, Maria, Buddha, Shiva, die Kontemplation eines Satzes aus einer heiligen

Schrift oder einer Erscheinung der Natur. Die Sufis arbeiten mit einer Technik, »Erinnerung« genannt, die den ganzen Körper in den Prozess des Erwachens einbezieht. Dann wieder gibt es spirituelle Schulen, in denen es wichtig ist, dass der Körper innerlich gereinigt und zu einem vollkommenen Instrument des Erwachens gemacht wird.

Die eigentliche Meditation ist jedoch nie etwas anderes als dies: da sein, nichts tun, wahrnehmen, sich mit nichts identifizieren. Nur dass dieses reine Dasein in manchen Schulen, vor allem im Zen, als eigentliche Technik geübt wird, und sich in anderen Schulen erst nach oder durch das Praktizieren einer bestimmten Technik einstellt. Letzteres ist für zivilisierte Menschen normalerweise leichter zu bewerkstelligen, da der Körper durch das naturfremde Leben meist viel zu verspannt ist und das Nervensystem viel zu viel elektrische Ladung trägt, als dass man sich durch einfaches Sitzen entspannen könnte.

Wie auch immer, Meditation ist Heimkehr. Sie ist ein Prozess, der von der üblichen Ich-Es-Bewusstheit ausgeht, lebendig wird, wenn an Stelle des »Es« ein »Du« tritt – wenn Gott oder die Realität als »Du« lebendig zu werden beginnt und man in die Ich-Du-Beziehung eintritt – und die im Ich-Ich, in der Einheit gipfelt.

Nun ist allerdings nicht viel gewonnen, wenn man für einen Augenblick ins Bewusstsein der Einheit eintaucht, um dann wieder herauszupurzeln in das übliche alltägliche Bewusstsein. Im Bewusstsein der Einheit die konkreten Angelegenheiten und Probleme des eigenen aktuellen Lebens zu beleuchten, »das Licht der Intelligenz auf sie zu werfen«[40], baut eine Brücke zwischen dem hohen Zustand, in den die Meditation möglicherweise geführt hat, und den Niederungen des Alltagsbewusstseins.

Kommentar von höheren Ebenen des Bewusstseins

Wichtiger noch als Licht zu werfen auf die Angelegenheiten, die dich beschäftigen, ist es, diese Angelegenheiten des täglichen Lebens von der hohen Warte der Meditation aus zu betrachten und etwas von der äußersten Intimität, die ihr dort findet, hineinzuprojizieren ins Alltagsleben. Von dieser hohen Warte aus kannst du nicht nur sehen, sondern buchstäblich fühlen, wie du auch mitten im Alltagsleben mitsamt deinem Bewusstsein der Vereinzelung immer und überall eingebunden bist in die ursprüngliche Intimität.

Trage diese Intimität wie einen kostbaren Schatz hinein in deine Welt, wenn du deine formelle Meditation beendest. Das bedeutet, in Meditation zu bleiben.

Nicht seelenlos das bewusste Atmen, das bewusste Gehen, das bewusste Wahrnehmen zu üben, sondern so bewusst sein, dass du deinen Atem als lebendige Verbindung mit der Welt um dich her und der geheimnisvollen inneren Welt, der du entstammst, wahrnimmst, dein Gehen als Kontakt zwischen deinen Füßen und der Erde und deine Wahrnehmung als einen intimen Akt des Erkennens – des gegenseitigen Erkennens. Denn was immer du wahrnimmst, nimmt auch dich wahr.

Auf diese Weise kommst du nach und nach in die Intimität zurück.

Vorschläge für einen meditativen Rückzug

Nehmen Sie eine Herausforderung an.
Wachsen Sie über die Grenzen Ihres Selbstbildes
hinaus und erlauben Sie sich zu weinen,
zu lachen und Teil von allem zu sein, und
finden Sie dennoch innerhalb des Ganzen Ihr eigenes,
ganz besonderes Wesen.

Pir Vilayat Khan: Das, was durchscheint durch das, was erscheint

Es ist nicht leicht, in die Zauberwelt der Intimität zurückzufinden. Wenn dieses Buch Ihre Sehnsucht danach geweckt hat, möchten Sie sich vielleicht einen Rückzug aus der Alltagswelt gönnen, um die Intimität mit Ihrer Seele wiederzufinden.

Das bloße Alleinsein, am besten in der Natur, kann Ihnen dabei helfen. Die Gefahr, dass dabei nicht viel herauskommt außer ein wenig Erholung, ist allerdings groß. Wir sind so sehr gewohnt, ständig innere Dialoge zu führen, die uns aus der Gegenwart und dem Gegenwärtigsein entfernen, dass ein wenig Entfernung von unserer alltäglichen Welt im Allgemeinen nicht ausreicht, um diese Gewohnheit abzustellen und in tiefere Dimensionen des eigenen Wesens einzutauchen.

Hier zwei Vorschläge, einen Rückzug aus dem Alltag so zu gestalten, dass er Sie nach Hause bringen kann.

Vorschlag 1: Üben Sie sich während Ihrer Rückzugszeit ununterbrochen im Gegenwärtigsein. Spüren Sie Ihren Atem, während Sie gehen, stehen, sitzen. Gehen Sie achtsam. Essen Sie achtsam. Trinken Sie achtsam. Was immer Sie tun, tun Sie es aufmerksam.

Vorschlag 2: Gestalten Sie Ihr *Retreat* mit Übungen, die Ihnen helfen, in einen vertieften Bewusstseinszustand zu gelangen.[41] Teilen Sie die Zeit, die Sie für Ihren Rückzug vorgesehen haben, in fünf Phasen auf.

1. Während der ersten Phase befreien Sie Ihr Gemüt von den Problemen, die Sie derzeit beschäftigen, indem Sie körperzentrierte Herzensarbeit betreiben: an das jeweilige Problem denken; beobachten, wie der Körper auf diese Gedanken reagiert; die Aufmerksamkeit in den reagierenden Stellen konzentrieren, bis Sie merken, welches Gefühl sich darin verbirgt; diese Emotion bewusst kennenlernen; feststellen, was sie von Ihrem Herzen braucht, indem Sie die »Herzensschlüssel« durchprobieren: Anerkennung, Erlaubnis, Verständnis, Achtung, Mitgefühl, Erbarmen oder wahrgenommen werden, gefühlt werden.[42]
2. In der zweiten Phase befreien Sie Ihren Körper von der Spannung, mit der Sie ihn belastet haben. Fragen Sie ihn, was er braucht, und achten Sie auf Ihren Instinkt, Ihre Impulse. Gönnen Sie Ihrem Körper die Bewegung, die er benötigt: wandern, laufen, schütteln, tanzen, Gymnastik, toben oder was auch immer. Gönnen Sie ihm die Art von Behandlung, die er sich wünscht: warmes Bad oder kalte Dusche, kräftiges Bürsten oder sanftes Streicheln oder Massage. Und

die Art von Entspannung, die er braucht: liegen, seufzen, herumrollen, was auch immer.

3. In der dritten Phase befreien Sie Ihr Bewusstsein von der Enge seiner alltäglichen Einstellung. Diese Phase verbringen Sie mit spirituellen Übungen. Wenden Sie sich Ihrem inneren Selbst zu und lassen sich zu den Übungen inspirieren, die gerade für Sie passen. Wenn Sie nicht über entsprechendes »Handwerkszeug« verfügen, bereiten Sie für Ihr Retreat eine Reihe von Übungen vor, zum Beispiel Gebetstexte, Kontemplationstexte; Mantras oder sonstige heilige Worte, etwa das *Om mani padme hum* der Buddhisten, das *Ave Maria*, das *Rosenkranzgebet* der Katholiken, das *Kyrie Eleison* oder das *Christe Eleison*; Lichtübungen (die Vorstellung, Licht ein- und auszuatmen; die Vorstellung, eine Lichtdusche zu nehmen, etc.); Kontemplation der Weite des Universums, der Sternenwelten, der Galaxien; Kontemplation von Qualitäten oder Tarotkarten. Diese Vorbereitung soll jedoch nicht dazu führen, dass Sie einem vorgefertigten Programm folgen, sondern lediglich bewirken, dass Ihre Intuition auf konkretes Werkzeug zurückgreifen kann. So können Sie beispielsweise spüren, dass Sie ein großes Bedürfnis nach Licht haben, und deshalb Visualisierungsübungen machen, die sich mit Licht beschäftigen. Oder Sie spüren vor allem ein Bedürfnis nach seelischer Reinigung und Vergebung und fühlen sich vielleicht zur Wiederholung des Rosenkranzgebetes inspiriert oder des Kyrie Eleison, Christe Eleison. Folgen Sie in dieser Phase Ihres Retreats ganz Ihrer Intuition. Es ist ein Tag der spirituellen Übung. Nehmen Sie sich viel Zeit für jede Übung. Bleiben Sie hin-

terher jeweils eine Viertelstunde lang still sitzen. Gehen Sie anschließend spazieren und lassen Sie die Übung nachwirken. Sie können diesen Teil – je nachdem, wie viel Zeit Ihnen zur Verfügung steht – ganz einer Übung widmen, oder Sie führen mehrere Übungen hintereinander durch. Wenn die Übungen »stimmen«, wird sich Ihr Bewusstsein nach und nach spürbar erweitern und vertiefen, und Sie werden in die Intimität mit Ihrem inneren Selbst eintreten.

4. Den vierten Teil Ihres Rückzugs widmen Sie der Betrachtung Ihres Lebens. Verweilen Sie in dem besonderen Gemütszustand, in den die Übungen Sie versetzt haben, und lassen Sie Ihre Lebensumstände Revue passieren, ohne sich in die Bilder und Gedanken, die dabei auftauchen, hineinziehen zu lassen. Betrachten Sie alles, wie man einen Film oder einen Fluss betrachtet – mit Interesse, aber ohne sich zu identifizieren. Stellen Sie sich die Fragen, die Sie bewegen, ohne sie zu beantworten, während Sie die Bilder betrachten. Vielleicht taucht eine Antwort auf, vielleicht auch nicht. Vielleicht haben Sie nun eine andere Sichtweise, ein anderes Verhältnis zu Ihrer Welt, vielleicht eine Erleuchtung, vielleicht ein neues Gefühl. Oder einfach einen neuen Überblick darüber, worum es in Ihrem Leben wirklich geht.
5. Den fünften Teil schließlich widmen Sie Ihrer Freiheit. Tun Sie während dieser letzten Phase Ihres Rückzugs ausschließlich das, was Sie gern tun möchten – nicht aus alten Überlegungen heraus, sondern spontan aus dem Augenblick. Lösen Sie sich von allen Vorstellungen, was spirituell sei, wozu die ganze Übung dienen solle, und so fort. Seien Sie frei. Fol-

gen Sie Ihrem Herzen. Gönnen Sie sich den Luxus, ganz Sie selber zu sein. Aber bleiben Sie allein, bis die festgesetzte Rückzugszeit vorüber ist.

Wenn Sie zu einem so ausführlichen Retreat keine Gelegenheit haben, kann auch schon ein kleiner täglicher Rückzug Ihnen helfen, wenigstens für einen Augenblick in die Intimität mit sich selber zurückzukehren. Schon fünf Minuten am Morgen oder am Abend können Sie nach Hause zurückbringen.

Kreativität

Gott (…) hat Freude an der Weiterentwicklung
jedes einzelnen Bewusstseins und an dem geringsten
schöpferischen Akt eines jeden seiner Geschöpfe. (…)
Alle Individuen (…) tragen das Verlangen in sich,
zur Urquelle kosmischen Bewusstseins zurückzufinden,
und sie erreichen dies und stillen ihr Verlangen
durch eigene Schöpfungen.

Seth/Jane Roberts: Das Seth-Material

Kreativität entsteht aus Intimität. Und gleichzeitig ist Kreativität ein Weg, auf dem wir nach Hause finden können in die Intimität.

Für große Kunst gilt Ähnliches wie für Religion: Der künstlerische Schaffensprozess ist eine Rückverbindung zur Quelle, nur dass hier aus der Rückverbindung etwas Neues entsteht: ein Kunstwerk. Alle wirklich große Kunst entsteht aus einer »Offenbarung«. Im Kern dieser Offenbarung steckt ein Moment der Begegnung, ähnlich wie ihn die großen Propheten erlebt haben. In dieser Begegnung wird etwas erkannt; nur wird dieses Erkennen vom Künstler nicht in Worte gefasst, sondern in ein Kunstwerk.

Doch hier wollen wir uns nicht mit dem Privileg weniger Genies befassen, sondern mit der Kreativität, die uns allen eigen ist.

Kreativität bringt sich nicht nur in der Kunst zum Ausdruck. Sie kann sich auch in der Lebensführung äußern, in der Arbeit an sich selber, im Haushalt, in der Paarbeziehung, in der Erziehung der Kinder, im Umgang mit dem eigenen Körper, in der eigenen Gesundheit, der Religion, der Meditation, schlichtweg in allem.

Wir können »reproduktiv« leben oder eben kreativ. Das heißt: Wir leben so, wie es uns von unseren Vorfahren und Lehrern beigebracht wurde, verrichten unsere Arbeit so, wie man es uns gelehrt hat, führen unsere Beziehungen und leben unsere Sexualität so, wie unsere Eltern es auch schon getan haben, wie andere es tun oder wie wir es durch Massenmedien, Filme oder Bücher demonstriert bekommen. Oder wir leben in all diesen Bereichen oder wenigstens in einigen davon unsere Kreativität aus.

Lebe ich nicht in der Intimität mit meiner eigenen Seele, so ist mein Bewusstsein auf die Oberfläche des Lebens eingestellt und ich neige dazu, das, was schon war, endlos zu reproduzieren – entweder indem ich es fortführe, wie es immer war, oder indem ich dagegen rebelliere und absichtlich das Gegenteil tue, was reaktiv und nicht kreativ ist. »Kreativität«, schreibt Pir Vilayat Khan[43], »befähigt uns, uns von der Vorbestimmung zu befreien – das heißt, wenn unsere Kreativität echt und spontan ist, wirklich erfinderisch, und nicht nur ein Kopieren der Umgebung.«

Jedes Mal, wenn ich mich aus der Welt meiner üblichen Gedanken und Gefühle hinaushebe und in Kontakt mit meiner Seele trete, wie es in der Meditation, im Gebet, im gemeinsamen Ritual, in Andacht, beim Hören seelenweckender Musik oder in Begegnungen mit der Natur geschehen kann, löse ich mich aus dem Geflecht der fortlaufenden Verknüpfungen, die das allgemeine Denken bestimmen und für »die Welt« gehalten werden, und tauche in eine Realität ein, die aus einer unendlichen Vielfalt noch nicht geborener

Möglichkeiten besteht. In früheren Büchern habe ich dies als »Punkt Null« bezeichnet.

Anstatt Gedanken, Handlungen, Absichten und Werke aus dem bereits Bestehenden zu schöpfen oder weiterzuentwickeln, entstehen sie spontan aus dem inneren Reichtum der Seele heraus. Und die Seele hat ein schier unendliches Potenzial, Neues hervorzubringen, gewissermaßen aus sich hinauszustellen, aus der inneren in die äußere Realität.

Man sagt, es habe noch nie etwas wirklich Neues gegeben. Das stimmt insofern, als alles bereits in der Seele enthalten ist – das meiste davon jedoch latent, also in Bezug auf unsere Realität als Möglichkeit. Wir alle teilen einen geheimen Schatz von Möglichkeiten, der in unseren Seelen verborgen ist. Insofern gibt es nichts, was uns nicht bereits bekannt wäre – als innere Realität, im Unbewussten verborgen, solange es nicht entdeckt wird, sprich, der Lichtstrahl der Bewusstheit darauf fällt. Deshalb sind alle großen künstlerischen Schöpfungen »plausibel«. Jede Note und jeder Pinselstrich ist, für jeden erkennbar, am richtigen Fleck und nicht zufällig gesetzt, denn sie bilden etwas ab, das bereits existiert. Sie bilden es nicht so ab, wie eine Fotografie eine Realität abbildet. Vielmehr erschaffen sie es aus einer bis dato unbewussten, unentdeckten Möglichkeit heraus.

Kreativität schöpft aus der Intimität mit der Seele, letztendlich aus der Einheit mit dem Schöpfer selber, dessen lebendiger Ausdruck die Seele ist.

Wir sind Schöpfungen. Doch das, was uns erschuf, lebt in uns, durch uns und als wir und erschafft sich selber und seine Welt ständig neu.

Diesem Prozess der ständigen Neuschöpfung steht jedoch eine Kraft entgegen, die (nicht nur) in der Physik als »Trägheit« bezeichnet wird. Diese Kraft bildet den Gegenpol zur Kreativität und sorgt dafür, dass alles so bleibt, wie es ist; dass die bestehende Ordnung weiterexistiert und nach Störungen sofort wiederhergestellt wird.

Gäbe es diese Kraft nicht, wären alle Erscheinungen nichts als flüchtige Traumbilder. Sie sorgt dafür, dass die Schöpfung von einer gewissen Beständigkeit ist, ja, dass es so etwas wie materielle Gestalten überhaupt gibt, dass Planeten schön ordentlich in ihren Umlaufbahnen bleiben, dass sich die Grundgestalt des Menschen, des Baumes oder der Pflanze immer wieder reproduziert, und so fort.

Dialog mit höheren Ebenen des Bewusstseins

Deshalb auch die »Hindernisse auf dem Weg«, denen ein Extrakapitel in diesem Buch gewidmet wurde. Es ist klug, weil unumgänglich, sich mit dieser »Trägheitskraft« anzufreunden. Ihr gebührt sogar große Dankbarkeit. Ohne sie wäre nichts, wäret auch ihr nicht, gäbe es eure Welt nicht.
Ohne Kreativität jedoch ebenso wenig.
Jeder von euch, für wie dumm oder intelligent, begabt oder unbegabt er sich auch halten mag, verfügt über Kreativität.
In jedem Leben, so eingeschränkt es auch sein mag, gibt es Möglichkeiten, dieser Kreativität Raum zu verschaffen. Verzichtet ihr darauf, so werdet ihr feststellen, dass ihr abstumpft, euch langweilt, im Leben keinen Sinn mehr seht, seelisch dahinwelkt. Das könnt ihr natürlich überspielen, indem ihr euch ablenkt – aber nur bis zu einem gewissen Grad.
Selbst wenn ihr keine Künstler seid und über keinerlei künstlerische Begabung verfügt, selbst wenn ihr fest

eingebunden seid in einen beruflichen oder familiären Zusammenhang, der euch wenig Freiraum lässt, könnt ihr doch ganz im Stillen Inseln der Kreativität für euch einrichten. Ihr müsst nicht unbedingt, um ein Beispiel zu nennen, jeden Abend mit eurem Partner oder eurer Familie fernsehen. Ihr könnt an einem Abend etwas tun, was eure Intimität mit euch selber und zugleich eure Kreativität freisetzt. Beispielsweise Tagebuch schreiben. Tagebuch schreiben kann enorm kreativ sein, wenn ihr euren Gefühlen und Gedanken völlig freien Lauf lasst. Oder spazieren gehen. Wenn ihr euch beim Spazierengehen von euren üblichen Gedanken befreit und ganz im Gehen und in dem, was euch dabei begegnet, aufgeht, tauchen kreative Impulse und neue Ideen in eurem Bewusstsein auf. Oder meditieren. Oder malen, zeichnen, singen, Gedichte schreiben, tanzen – jede Art der künstlerischen Betätigung, auch wenn ihr nicht besonders begabt seid, kann euch in die Intimität mit euch selber zurückbringen und zugleich eure Kreativität zutage fördern, vorausgesetzt, ihr liebt sie und gebt euch ihr hin, ohne euch Grenzen aufzuerlegen oder euren Schaffensprozess dadurch zu zähmen oder zu verfälschen, dass ihr an ein mögliches Publikum denkt. Singt, malt, schreibt, tanzt – ganz für euch allein! Macht daraus ein Ritual, ein Opfer, ein Gebet. Bringt es euch selber, eurer Seele dar und niemandem sonst. Wenn zufällig etwas dabei herauskommt, was auch andere erfreuen oder berühren kann, umso besser, aber das Werk ist das »Abfallprodukt« des Schaffensprozesses. Lasst es nur auf den Prozess ankommen und nicht auf das Ergebnis.

Der Prozess des Schaffens geht, wie du eben richtig sagtest, aus der Intimität hervor. Um die Intimität wiederzufinden, musst du zuerst dich selber wiederfinden. Du musst fühlen, was du fühlst. Wie fühlst du (Safi) dich in diesem Augenblick?

Ausgelaugt. Müde. Erschöpft.

Dieses aktuelle Gefühl ist deine Startrampe für die momentan mögliche Kreativität. Verstehst du? Ohne Gefühl geht es nicht. So, wie du gerade bist, mitsamt deinem Gefühl, wirst du Kanal für die göttliche Kreativität. Wir wollten eigentlich sagen: die göttliche Schaffensfreude, aber du hast uns das Wort »Freude« gestrichen, weil du selber gerade freudlos bist.

Stimmt. Ich bin so erschöpft, deshalb dachte ich: »Wieso Freude? Wo ist hier Freude?«

Wenn du dich deinen Gefühlen hingibst, wie immer sie gerade sind, sie fühlst, ohne etwas an ihnen ändern zu wollen, aber auch ohne in ihnen zu verschwinden, dann bist du bei dir und in deiner Wahrheit. Auf diesem Boden kann wieder etwas gedeihen. Solange du außer dir bist, ist und bleibt es schwierig. Die göttliche Schaffensfreude bedient sich all dessen, was ist, so, wie es ist, im jeweiligen Augenblick. Verstehe uns richtig: Wir reden hier nicht von einem Gott irgendwo außerhalb von dir. Wir reden von der göttlichen Schaffensfreude in dir. »Göttlich« ist sie, wenn sie echt und spontan ist.

Aus der Verzweiflung, dem Ausgelaugtsein, der Unlust, die deine momentane Wirklichkeit sind, heraus kannst du schaffen. Versuchst du diese Gefühle zu leugnen, zu ändern oder beiseitezuschieben, bist du entzweit mit dir selbst und damit mit der Quelle deiner Schaffensfreude. Schaffensfreude kann in dir wirken – so wie es jetzt gerade geschieht –, auch wenn du auf der persönlichen Ebene eher freudlos bist; solange du diese Freudlosigkeit nur aufrichtig fühlst.

Die göttliche Kraft wirkt durch dich so, wie du bist. Du brauchst nicht zu glauben, du müssest ein persönliches Gefühl von Kraft dafür entwickeln. Im Gegenteil, das kann eher hinderlich sein. So, wie du gerade bist, bist du Instrument, Kanal, Ausdruck der göttlichen Schöpferkraft und kannst sie durch dich wirken lassen. Die Liebe zum Werk muss vom Künstler ebenso wenig persönlich als Emotion empfunden werden wie die Schaffenskraft oder -freude. Entscheidend ist, dass du diese Liebe durch dich wirken lässt und ihr keine Hindernisse entgegensetzt.

Was wäre ein solches Hindernis?

Ein solches Hindernis kann darin bestehen, dass du dich mit einem Gedanken oder einer Emotion derart identifizierst, dass du die Liebe nicht mehr durchlässt. Beispielsweise mit Hoffnungslosigkeit, Wut oder Unlust. Fühlst du Hoffnungslosigkeit oder Wut oder Unlust aufrichtig und bewusst, gibst du dich diesen Gefühlen als deiner momentanen inneren Realität hin – ohne in ihnen zu verschwinden –, so bleibst du durchlässig sowohl für die Kraft als auch für die Liebe und Schaffensfreude, die durch dich wirken. Identifizierst du dich jedoch mit diesen Gefühlen und den Gedanken, die mit ihnen verbunden sind, so wirkt genau diese Identifikation als Barriere.

Ja. Danke. Das Wort »hingeben« hat mir sehr geholfen. Ich bin nun dabei, mich meinem Gefühl der Erschöpfung hinzugeben, und das tut mir sehr gut. Mein Körper entspannt sich, ich höre auf mich anzustrengen, und dabei fließt der Strom der Worte wieder mit Leichtigkeit.

Nun, du bist auch Sängerin. Hier hast du genau das Geheimnis des »echten« Gesangs, dem du schon so oft auf der Spur warst. Du musst dich, um für ein Publikum zu singen, nicht in einen besonderen Zustand versetzen – positiv, kraftvoll, angstfrei, freudig oder wie auch immer. Vielmehr

musst du dich dem Zustand, in dem du dich gerade befindest, während du singst, bewusst hingeben. Dann singst du mit Herz, aus deinem echten momentanen Gefühl heraus, und erreichst die Menschen.
Dass du nicht mehr singst, ist übrigens auch ein Grund für deine derzeitige Lustlosigkeit. Hole das Singen wieder in dein Leben, und du wirst wesentlich froher sein.
Und hier sind wir bei einem weiteren Schlüssel für Kreativität: Beschäftige dich mit den Dingen, die du liebst, die deine Seele (wieder) in dein Leben bringen, und Kreativität welcher Art auch immer (sie muss keinen künstlerischen Ausdruck finden, man kann auch haushälterisch, handwerklich oder wie auch immer kreativ sein) wird sich auf freudige und natürliche Weise entfalten. Pflege die Intimität mit dir selber, mit deiner Seele und gönne dir, das zu tun, was deine Seele freut. Für den einen ist das Blumenpflanzen, für den anderen Singen oder einsame Spaziergänge, Tagebuch schreiben oder Bilder malen, Musik hören oder Bilder betrachten, Laub zusammenkehren oder stundenlang auf einer Caféterrasse sitzen … Was immer es ist, gönne es dir. Deine Zeit auf Erden ist kurz. Und du wirst bitterlich bereuen, es nicht getan zu haben, wenn sie einst vorbei ist.

Ja. Danke.

Jetzt zufriedener?

Nein. Mir fehlt immer noch etwas zum Thema Kreativität … Ich kann aber nicht sagen, was es ist.

Geh in dich und fühle, was du fühlst.

Druck. Unter Druck stehen und auch Druck machen. So etwas wie »Es muss einfach noch Text kommen«.

Gut. Dann schreibe aus diesem Druck heraus.

Okay. Ich versuche also, mich diesem Gefühl von Druck ganz hinzugeben, wie ihr gesagt habt … Ich spüre es am ganzen Körper. Als geballte Anspannung. Und auch in der Blase.

Spürst du auch die Kraft in diesem Druck?

Aha. Ja. Kann ich spüren.

Nutze diese Kraft zum Schreiben.

Okay. Wenn ihr meint … schreibe ich nun ganz ehrlich, aus diesem Gefühl von Druck heraus und mit der Kraft dieses Drucks …
Was ich mir wünsche in diesem Augenblick,
ist, dass ein wunderschöner Text aus mir hervorsprudelt,
in dem all das Wesentliche steht, das ich bisher nur ahne,
aber noch nicht gesagt habe.
Ein Text, der nicht um den heißen Brei herum-
und auch nicht klug daherredet,
sondern wirklich den Kern der Sache trifft,
und zwar mitten ins Herz.
Ein Text, der uns alle, Leser und Schreibende,
mitten hineinkatapultiert in die
immerwährende Intimität.
Einen solchen Text würde ich am liebsten mit Gewalt
aus mir oder aus euch, meinen Musen, herausquetschen,
wenn das ginge …

… und hier kommt die wahre Intimität:
Aus dem lebendigen Gefühl des Augenblicks heraus,
mit all der Kraft, die diesem Gefühl innewohnt,

zu tun und zu sein, zu schöpfen, zu handeln, zu reden,
fühlend, mitteilend, mich selber gebend
mir selber und allen, die meine Partner sind in diesem Spiel.
Während Vögel den Abend herbeisingen,
ein leises Rauschen durch die Blätter der Birke über mir geht,
während aus dem Haus, vor dem ich sitze,
das Klappern von Geschirr ertönt,
erwache ich endlich wieder, kehre heim,
fühle mich wieder und alles um mich herum.
Ich grüße euch, kleine Fliegen, kleine Bienen,
die um mich herum summen und sausen.
Ich grüße dich, Kuckuck, der in der Ferne ruft.
Ich grüße dich, Abend, der mir endlich Frieden bringt.
Ich grüße dich, Allgegenwärtiger, der mir lauscht
und in alledem zu mir spricht.
Ich grüße dich, schöne Seele,
die all dieses Wunder erschafft.

Praktische Anregungen zu diesem Kapitel

- Zuhören. Schauen: Öffnen Sie sich für andere Perspektiven. Geben Sie sich Raum für Nichtstun, für Schweigen, für Entspannung. Meditation.
- Spazieren gehen
- Tagebuch schreiben
- Tönen: Lassen Sie Töne auftauchen, ohne sie zu Melodien zu formen. Singen Sie Vokale. Lassen Sie Vokale ineinander übergehen. Spielen Sie mit den Tönen. Gehen Sie mit den Tönen spazieren. Tanzen Sie mit ihnen. Lassen Sie Melodien entstehen. Nehmen Sie Konsonanten dazu. Worte ohne Sinn. Erfundene

Worte. Oder Worte mit Sinn? (weitere Vorschläge im Kapitel »Intimität mit dem Körper«, Seite 54 ff.)

- Lebensgestaltung: Betrachten Sie Ihre Lebenssituation und fragen Sie sich, wonach Sie sich sehnen. Fühlen Sie die Sehnsucht. Erlauben Sie der Sehnsucht, Bilder der erwünschten Realität zu gestalten. Prüfen Sie, was die Sehnsucht von Ihrem Herzen braucht, und befreien Sie auf diese Weise die kreative Kraft der Sehnsucht.
- Persönlichkeitsgestaltung: Betrachten Sie sich selbst und fragen Sie sich, wie Sie gern wären, wenn Sie die Wahl hätten. Welche Eigenschaften besäßen Sie gern? Malen Sie sich aus, wie es wäre, wenn Sie diese Eigenschaften hätten. Nehmen Sie bewusst wahr, wie Sie sich damit fühlen. Geben Sie diesem Gefühl Raum in Ihrem Herzen und bringen Sie der Sehnsucht nach diesen Eigenschaften Respekt entgegen und was sie sonst noch vom Herzen braucht.

Hindernisse auf dem Weg

Der Geliebte selbst bereitet dir das Mahl des Lebens; salzig und scharf, bitter und süß, jedes an seinem richtigen Platz und in der richtigen Reihenfolge.

Safi Nidiaye: Die Stimme des Herzens

Obwohl es eine mächtige Sehnsucht in unseren Herzen gibt, in die heile und heilige Welt der Intimität heimzukehren, halten uns ebenso mächtige Bestrebungen in der »Es-Welt« gefangen. Ich nenne diese Kräfte unsere Süchte. Es ist wesentlich leichter, seiner Sucht zu folgen als dem sanften Ziehen und Drängen seiner Seele. Oft sind wir zerrissen zwischen diesen beiden einander entgegengesetzten Kräften. Wir verspüren vielleicht eine Sehnsucht nach einem Spaziergang in der Abenddämmerung, aber das Fernsehprogramm lockt und es ist einfacher, im Sessel zu versinken und das Gewohnte zu tun. Wir würden vielleicht manchmal gern meditieren, tanzen, eine Bergwanderung machen oder einfach für eine Weile allein sein, um »Seelenpflege« zu betreiben, aber unsere Süchte und Gewohnheiten hindern uns daran: Sucht nach Beziehung, nach Ablenkung, Unterhaltung, Kontakt, Sucht nach Essen, Trinken, Rauchen, Drogen, nach Fernsehen, Telefonieren oder was auch immer. Sucht nach »der Welt«.

Um diesem Zwiespalt zu entrinnen, gibt es nur eins. Wir müssen ihn *fühlen*. Anstatt ständig zu denken »ich sollte dies tun«, während wir aber jenes tun und uns mehr und mehr entkräften, entmutigen oder beschimpfen, weil wir nicht aufhören, unseren Süchten statt unserer Seele zu dienen, müssen wir innehalten und das *Gefühl* des Zwiespalts, des Konflikts oder der Zerrissenheit einmal bewusst wahrnehmen.

Das bewusste Fühlen dessen, was uns gerade im Augenblick bewegt, bringt uns zu uns selbst und in die Gegenwart zurück.

Unter jeder Sucht (und ich verstehe unter »Sucht« all die Gewohnheiten, die uns an die Welt binden und daran hindern, in aller Freiheit der Sehnsucht unserer Seele zu folgen) liegt eine Sehnsucht verborgen. Der einfache Weg zurück ins Eins-Sein besteht darin, die Sehnsucht zu finden und zu befreien, die sich hinter der Sucht verbirgt.[44] Es gibt zwei Wege, die zu dieser Sehnsucht führen.

Der erste: Betrachten Sie die Sucht oder Gewohnheit und fragen Sie sich: Welches schöne, gute oder befriedigende Gefühl verschafft mir diese Gewohnheit? Es ist nämlich dieses Gefühl, nach dem wir uns sehnen, und nicht der Umweg, auf dem wir es uns verschaffen. Diese Sehnsucht einmal ganz bewusst zu fühlen, anstatt sie nur zu haben, und ihr das eigene Herz zu öffnen, kann von der Sucht befreien. Dann können Sie noch einen Schritt weiter gehen und sich vorstellen, die Sehnsucht wäre schon erfüllt. Wie würden Sie sich dann fühlen? Auf diese Weise entdeckt man, dass es letztlich um dieses Gefühl geht. Bisher hat man vielleicht gedacht, man bräuchte bestimmte Umstände, um dieses (ersehnte) Gefühl zu erreichen. Nun aber entdeckt man, dass das Gefühl bereits vorhanden ist. Man muss ihm nur einen Platz in seinem Herzen geben. (Was braucht es? Anerkennung? Wahrgenommen werden? Raum? Erlaubnis?)

Der zweite Weg ist ein wenig länger, führt aber mit Sicherheit zum Entdecken einer Sehnsucht, die noch tiefer verborgen liegt. In dem Augenblick, in dem die Sucht von uns Besitz ergreifen möchte, gönnen wir uns einen kleinen Zwischenstopp und fragen: Was wäre, wenn ich diesem Gewohnheitsimpuls nicht folgen würde? Was wäre schlimm für mich, wenn ich ihm nie mehr folgen würde (oder dürfte)? Diese Frage lässt möglicherweise den Schmerz auftauchen, den wir durch die Sucht- oder Gewohnheitshandlung überdecken. Nachdem wir diesen Schmerz als Gefühl erkannt haben (statt ihn weiterhin für Tatsache zu halten), können wir ihn endlich einmal fühlen (anstatt ihn weiter mit der Gewohnheitshandlung zuzudecken). Anschließend können wir noch einen Schritt weiter gehen und uns fragen, welche Sehnsucht mit diesem Schmerz verbunden ist. Wonach sehnt sich der Teil unserer selbst, der an diesem Schmerz leidet? Und was braucht diese Sehnsucht von unserem Herzen? (Möchte sie vom Deckel der »Unmöglichkeit« befreit werden? Braucht sie Achtung? Anerkennung? Raum? Erlaubnis?)

Das ist die Sehnsucht, die hinter der Sucht steckt. Solange sie nicht erkannt und nicht gefühlt war, waren wir einerseits unbewusst von ihr beherrscht, haben ihr aber andererseits keine Chance gegeben, sich zu verwirklichen. Das nächste Mal, wenn uns die Gewohnheit packt, können wir einfach innehalten, die Sehnsucht fühlen und uns daran erinnern, was sie von unserem Herzen braucht. Dann sind wir wieder »bei uns« statt »außer uns« und können der wahren Stimme unseres Herzens Raum geben.

Aber es geht noch weiter. Die Sehnsucht richtet sich auf etwas, und mit dem Erreichen dieses »Etwas« ist ein Gefühl verbunden. Wir können uns also ausmalen, wie es wäre, wenn die Sehnsucht schon erfüllt wäre. Wie würden wir uns fühlen? Letztlich geht es um dieses Gefühl. Sobald man das erkannt hat, ist man von der Sucht befreit. Denn um dieses

Gefühl herzustellen, brauche ich nichts Äußerliches. Alles, was ich zu tun habe, ist, diesem Gefühl einen Platz in meinem Herzen zu geben (indem ich prüfe, was es braucht: Erlaubnis? Raum? Anerkennung? Wahrnehmen?). Dann gehört es zu mir, und ich kann es jederzeit fühlen.

Gehe ich den »Hindernissen auf dem Weg« auf diese Weise auf den Grund, kann sich alles, was ein Hindernis zu sein schien, als Etappe auf dem Weg erweisen.

Leben in Intimität

Ist der Geliebte *dir nah, so weinst du vor Freude;*
ist er dir fern, so lachst du im Vergessen,
und deine Seele wird stumpf.

Safi Nidiaye: Die Stimme des Herzens

In dem Maße, in dem wir in den Zustand der Intimität zurückfinden, verändert sich unsere Sicht auf unser eigenes Leben. War auch unser Schicksal zuvor ein »Es«, das wir beeinflussen, gestalten und in die Form zwingen wollen, die uns richtig erscheint, die unseren Vorstellungen von Spiritualität oder unseren Wünschen entspricht oder beides, hören wir nun nach und nach auf, unser Leben als »etwas« zu sehen, und beginnen zu leben. Wir treten häufiger in Kontakt mit unserem Innersten, unserer Seele, unserem Herzen und unserem Körper. Wir leben mehr in der Gegenwart als in Gedanken an Vergangenheit und Zukunft. Nach und nach lassen wir unsere Vorstellungen davon fallen, wie wir und wie die Umstände unseres Lebens zu sein hätten, und beginnen aus der lebendigen Gegenwart des Augenblicks heraus zu leben. »Es ist weitaus kreativer, nach dem Ideal der Achtsamkeit als nach dem Diktat des Willens zu arbeiten«, schreibt O'Donohue.[45] Es ist kreativer, es ist erfüllender, freudiger, und je mehr ich es übe, desto lebendiger wird mir die Gegenwart.

Aus der Intimität mit mir selber heraus zu leben, bedeutet zu spüren, wann ich anfangen und wann ich aufhören möchte, etwas zu tun. Es bedeutet, dieses Gespür für »die

Wahrheit des Augenblicks« höher zu achten als meine vorher entwickelten Vorstellungen oder die Vorstellungen anderer, so weise sie auch sein mögen. Es bedeutet, mein eigenes Sein und Wesen in seiner Einzigartigkeit zu achten und zu ehren und meinem eigenen inneren Faden zu folgen. Wie sagt Seth so schön: »Ehrt euch selbst und bewegt euch durch die Göttlichkeit eures Wesens.«[46]

Befinde ich mich im Bewusstsein der Intimität, so weiß und spüre ich, dass die Welt lebendig und mit mir verwandt und verbunden ist – ja, dass alles, was meine Welt bildet, zu mir gehört, mir Freund ist. Dann kann ich es sogar wagen, Wege zu verlassen, die mir sicher erscheinen, und neue Wege zu gehen.

Bisher dachte ich,
ich sei auf einem Weg
und sähe das Ziel vor mir.
Und der Weg zu diesem Ziel
schien mir daraus zu bestehen,
dieses zu tun und jenes zu vermeiden,
wie es allen,
die diesen Weg gehen,
gelehrt wurde und mir immer eingeleuchtet hat.
Nun erkenne ich:
Es gibt keinen Weg außer mir.
Ich bin der Weg.
Und die Meister, die mir Lehrer waren auf dem Weg,
den ich folgte,
treten respektvoll zur Seite,
meine neu gewonnene Freiheit segnend.
Verlasst mich nicht, meine geliebten Freunde und Führer,
lasst mich nicht allein.

Wenn ich auch den Weg nicht mehr gehe,
den ihr mich gelehrt habt,
so habe ich doch den Weg entdeckt,
den ihr meintet.
Endlich heimgekehrt zu mir,
mich und das Leben und alles, was mir begegnet,
als Führer und Lehrer nehmend
und mich selber als Ziel,
bitte ich euch doch,
weiter über mich zu wachen.
Ich bin noch neu auf diesem Weg,
wenn ich auch auf ihm zu Hause bin.

In jedem von uns feiert das Sein sich selbst auf eine einzigartige Weise. In jedem von uns ist die Vollkommenheit im Keim angelegt, wie im Samen der Pflanze die vollkommene Schönheit ihrer Blüte. In jedem von uns ist auch der Weg der Entfaltung zu dieser Vollkommenheit angelegt. Lasst uns unserer Seele vertrauen und ihren Impulsen folgen. Lasst uns unsere eigene Wanderung beginnen.

Kommentar von höheren Ebenen des Bewusstseins

Wie der Wind mit den Blättern spielt, so spielt eure Seele mit den Formen, die sie annimmt, über Zeiten und Räume hinweg, die ihr euch nicht vorstellen könnt. Jede Phase eures Lebens, ob sie nun vergnüglich oder dramatisch verläuft, ist ein Teil dieses Spiels. Ihr solltet euch bemühen zu erkennen, dass ihr nicht das Opfer dieses Spiels seid, sondern der Spieler. Ihr könnt üben, euer Bewusstsein wieder und wieder zu erheben oder erheben zu lassen, so dass es sich aus seiner harten Körperschale herauslöst, die mit so viel Leid imprägniert ist, und seine Freiheit entdeckt. Ihr seid der Spieler, vergesst das bitte niemals, was immer euch geschieht. Das Gleiche gilt für alle anderen.

Die Seele liebt die Freiheit, sie liebt die Entdeckung, sie liebt das Abenteuer im Unbekannten. Sie weiß, dass sie sich leisten kann, ins Bodenlose zu stürzen oder sich in schwindelerregende Höhen aufzuschwingen, da sie unzerstörbar ist, da sich alle Höhen und Tiefen, die sie entdecken kann, innerhalb von ihr selber befinden, nicht außerhalb, und zu ihrer ureigenen Welt gehören.

Du bist diese Seele, die sich als dieser Körper in dieser Welt vergnügt –»eingekörpert«. Hast du das vergessen, so glaubst du, der Körper zu sein und mit dem Körper zu entstehen und zu vergehen. Tatsächlich entsteht und vergeht ein Teil deiner selbst; ein Teil, den du ablegst, weil du dich darin ausgelebt hast – nach so kurzer oder so langer Zeit, wie du dafür gebraucht hast.

Nun, das alles habt ihr schon oft gehört, und wir hören dich förmlich sagen: Ja, ja, ist schon gut, das wissen wir alles, aber es nützt uns nichts.

Aber nichts nützt euch mehr, als dies wieder und wieder zu hören, in immer neuen oder immer ähnlichen Worten, aus welcher Quelle auch immer. Letztendlich ist es das Einzige, das euch wirklich nützen kann. Erinnert euch, wer ihr seid. Erinnert euch, erinnert euch! Und nutzt alles dafür, was euch helfen kann. Worte wie diese, Worte von Meistern oder Heiligen oder Erleuchteten oder Medien, Gebete, Meditationen, Kontemplationen, Sufi-Tanz oder was immer euch hilft, euch zu erinnern.

Die eigentliche Intimität ist der Liebestanz zwischen der Seele und den Gestalten, die sie annimmt. Zwischen euch selber und euch selber. Es ist eine so innige Liebesbeziehung, dass ihr ständig in Verzückung seid, sobald euch das bewusst wird. Ihr seid niemals allein. Der sterbliche Pol eures Wesens wird ständig, immer und überall vom unsterblichen begleitet, denn beide sind untrennbar miteinander verbunden. Nutzt diese Verbindung, aktiviert diese Verbindung, reist mit eurem Bewusstsein in ihr auf und ab, so oft es euch einfällt und auf welche Weise auch immer!

Es ist das Einzige, was euch helfen kann, euch nachhaltig aus Leid und Begrenzung zu erheben. Diese Erhebung bedeutet allerdings nicht, dass euch kein Schmerz mehr widerfährt oder dass euer Herz nicht wieder und wieder gebrochen würde durch Mitleid und Mitgefühl mit dem,

was anderen geschieht. Sie bedeutet lediglich, dass ihr statt eines Pols zwei Pole eures Wesens kennt: den einen, der mitten hineingestellt ist in die Welt und Freude und Leid erlebt, und den anderen, der losgelöst ist von Freude und Leid.

Habt ihr diese grundlegende innere Intimität wiedergefunden, so seid ihr weniger bedürftig, weniger abhängig, verstrickt euch weniger in diese trügerische Intimität mit anderen, die nicht wirklich Intimität ist, sondern der kindliche Versuch, sich gegenseitig alle Bedürfnisse zu erfüllen – was in Wirklichkeit unmöglich ist und letztendlich die wahre Intimität abtötet. Wahre Intimität mit einem anderen Menschen besteht zwischen Wesen und Wesen – auf einer ganz anderen Ebene als die emotionale Verstrickung, die ihr oft mit Intimität verwechselt. Eingebettet in die Intimität mit der eigenen Seele, könnt ihr anderen nun wahrhaftig begegnen und in dieser Begegnung dieselbe Intimität in ihnen anregen. Eure

Beziehung wird im Augenblick dieser Begegnung intimer und unpersönlicher zugleich.
Wenn ihr darunter leidet, zu bedürftig, zu abhängig zu sein oder im Gegenteil aus Angst vor Bedürftigkeit oder Abhängigkeit keine Beziehung eingehen zu können, so ist dies die Medizin, die euch kurieren kann. Entdeckt und pflegt die Intimität mit eurer eigenen Seele. Letztlich ist sie das Einzige, was euch befreien kann.
In der Intimität mit deiner eigenen Seele ruhend, entwickelst du eine Souveränität, die dich in die Lage versetzt, mit allen Ereignissen, Menschen und Umständen so umzugehen, wie du es dir eigentlich wünschst, nämlich aus deiner Mitte, deinem Herzen heraus, auf deine ganz eigene Art, in deinem eigenen Tempo. Letztendlich wirst du die »Königlichkeit« deines Wesens wiederentdecken – eine Würde und Souveränität, die dich befreit und andere nicht herabsetzt, sondern sie im Gegenteil in ihrer Würde und Souveränität ehrt, selbst wenn sie sich dieser nicht bewusst sind.

Die Poesie der alltäglichen Beschäftigungen

Du musst das Leben nicht verstehen,
dann wird es werden wie ein Fest.

Rainer Maria Rilke: Mir zur Feier

Wie beredt legen die kleinen alltäglichen Dinge, mit denen ein Mensch sich umgibt, Zeugnis von seinem Leben und Wesen ab. Welche Poesie wohnt ihrer Zusammenstellung inne. Wie sehr selbst die Schuhe, die jemand lange getragen hat, etwas von seinem Charakter ausdrücken. Wie uns die Hinterlassenschaft eines lieben Verstorbenen anrühren kann in all ihrer einzigartigen Poesie.

Dieselbe Poesie wohnt unserem eigenen ganz gewöhnlichen Alltagsleben inne, nur sind wir im Allgemeinen blind dafür, da wir uns in diesem Leben so niederlassen, als wäre es für die Ewigkeit, achtlos gegenüber den Details unseres alltäglichen Lebens, den Gegenständen, Plätzen, Gesten und Handlungen, aus denen es besteht.

Wie anmutig und sinnlich das reine Gehen sein kann, wenn ich gegenwärtig bin. Welch eine intime und köstliche Beschäftigung das Essen.

Welch ein intimes Erlebnis kann es sein, ein Bild zu betrachten. Für einen Augenblick in seinem Zauber gefangen zu sein … die Assoziationen, Erinnerungen, inneren Bilder, Stimmungen, die von diesem Bild geweckt werden, auszukosten …

Lebe ich jedoch,
so bin ich das Leben,
das mit sich selber spielt,
mit seiner eigenen Wehmut, seiner eigenen Süße,
seinem eigenen Witz,
sich selber feiernd,
sich selber erschaffend
sich selber begegnend
und heimkehrend
in sich selber.

Der Weg nach Hause

Sobald die Seele erwacht, nimmt der Aufstieg seinen Anfang, und von da an ist eine Umkehr nicht mehr möglich.

John O'Donohue: Anam Cara

Die Mutter ruft ihre Kinder, wenn es Zeit ist, vom Spielen ins Haus zu kommen. Oder der Hunger oder sonst ein Bedürfnis ruft sie heim.

Wir werden heimgerufen in unser Herz, das Zuhause unserer Seele, wenn es Zeit ist. Und wenn der Ruf des Herzens einmal erklungen ist, hat unser Heimweg begonnen, und zwar unwiderruflich. Wir können herumtrödeln und so tun, als hätten wir nicht gehört; aber das nützt uns nichts, denn der Ruf zieht uns mit Macht nach Hause. Dieser »Ruf« ist unsere eigene Sehnsucht. Die Sehnsucht, die ursprüngliche Intimität mit unserer Seele wiederzufinden; die Sehnsucht, aus dieser Welt der Entfremdung und Vereinzelung zu erwachen und uns in der Wahrheit wiederzufinden, in der wir einander von Herz zu Herz ansprechen und verstehen. In der wahren Welt, der Welt des Herzens ist alles eigentlich ziemlich einfach. Wir alle suchen das Glück, sehnen uns nach Liebe, streben nach Entfaltung unseres Wesens. Wir alle haben Angst, und wir alle tragen seelische Verletzungen in uns. Im Herzen, dem fühlenden Kern des menschlichen Wesens, wohnt das wahre Gefühl. Wenn wir mit den Augen des Herzens schauen statt mit den Augen des Kopfes, können wir dieses wahre Gefühl wahrnehmen. Wie schön ist es, für einen anderen Menschen sein Herz zu öffnen, für jemanden, dem man zuvor mit Unverständnis oder Ablehnung begegnet ist oder der einem wehgetan hat. Es ist wie eine Heimkehr in die Wahrheit, und es füllt unser Herz mit Liebe. »Wenn wir lernen, Liebe zu geben und zu empfangen, kehren wir heim an den Herd unserer Seele. Dort sind wir geschützt und geborgen.«[47]

Ist unser Herz einmal geweckt worden, schläft es nicht mehr ein. Es entsteht ein Bedürfnis, es immer mehr zu öffnen und zu weiten, bis wir keine Notwendigkeit mehr verspüren, uns zu verschließen.

Kommentar von höheren Ebenen des Bewusstseins

Manche Menschen haben das Gefühl, dass eine Endzeit naht – dass die Menschheit es nicht schafft, die Risiken zu meistern, die sie in die Welt gesetzt hat. Die Gefahr besteht tatsächlich. Sie ist nicht zu unterschätzen. Jedoch gehört alles in dieser Welt so, wie es ist, zur Entwicklung des Bewusstseins oder zur Selbsterforschung und Entdeckung der Seele. Alles, was stattfindet, findet innerhalb der Seele statt und nicht außerhalb. Die Seele ist unzerstörbar. Ihre Schöpfungen sind es ebenfalls. Nichts ist umsonst geschaffen worden. Nichts Wahres kann zerstört werden. Eine wahre Einsicht, eine wahre Liebe, ein wahrer Ausdruck der allem zugrunde liegenden Harmonie oder Schönheit besteht für immer, auch wenn die äußere Form vor euren Augen zerfällt. Jeder Mensch in der Schönheit seiner wahren (inneren) Gestalt ist für immer erschaffen. Auch die Erde in all ihrem üppigen Formenreichtum verschwindet nicht

von der Bildfläche, selbst wenn ihr eine Atombombe zündet, die alles Leben auf der Erde auslöscht.
Vom Standpunkt des »eingekörperten« Bewusstseins aus ist jedoch alles zerstörbar, sterblich und daher stets in Gefahr.
Beide Standpunkte – der geistige und der körperliche – sind Perspektiven, die Gültigkeit haben. Wir predigen hier nicht, dass einzig der geistige Standpunkt die wahre Realität spiegle. Die wahre Realität liegt jenseits von Standpunkten und kann nicht in Worten ausgedrückt werden. Wir können euch nur helfen, zusätzlich zu der euren noch andere Perspektiven zu entdecken.
Es ist vielleicht kein Trost für euch zu wissen, dass jede wahre Schöpfung auch dann weiterbesteht, wenn ihre äußere Form zerfällt; dass nichts umsonst ist und alles Wahre in einer Welt jenseits von Zeit fortbesteht. Es soll euch auch nicht der Verantwortung für eure Welt entheben und gleichgültig machen. Aber es soll euch dort, wo ihr hilflos mit einer Realität, die ihr nicht ändern könnt, konfrontiert seid, andere Perspektiven eröffnen.
Nun, im Bewusstsein der Intimität – der hier so oft zitierten Ich-Du-Beziehung – schaut alles anders aus. Einerseits ist es euch in diesem Bewusstseinszustand unmöglich, gleichgültig über das Leid der Menschen, Tiere und Pflanzen hinwegzusehen, die in euer Blickfeld treten. Da ihr mit diesen Wesen in Beziehung seid, umfasst eure Wahrnehmung ihre Gefühle wie eure eigenen. Andererseits bürdet ihr euch nicht die Verantwortung für ihr Schicksal auf, versinkt nicht in Mitleid und Schuldgefühl, Ohnmacht und Hilflosigkeit. Mit einem »Er/Sie/Es« kannst du Mitleid haben, kannst aus Angst vor deiner Ohnmacht oder deinem Schuldgefühl wegschauen. Einem »Du« kannst du nur gegenübertreten mit allem, was du

bist und fühlst, und dich seiner inneren Realität öffnen. Das ist ein großer Unterschied.
In anderen Worten ausgedrückt: Wenn dein Herz verschlossen ist, erscheint dir das Leiden eines anderen bedrohlich, weil es dich in eine Verantwortung zu ziehen scheint, die dich überfordert, oder weil es ein Gefühl von Mitleid, Hilflosigkeit oder Schuld in dir weckt, dem du nicht gewachsen bist. Wenn dein Herz offen ist, bist du in Kontakt mit der inneren Realität des anderen, mitfühlend auf der einen Seite, aber auch voller Respekt vor seinen Gefühlen und seinem Schicksal auf der anderen Seite. Gleichzeitig bist du in Kontakt mit deinen eigenen Gefühlen, deiner Hilflosigkeit beispielsweise, die du nun als das wahrnimmst, was sie sind: deine eigenen Gefühle, und nicht auf den anderen projizierst. Selbst wenn du das Schicksal dieses anderen anscheinend zu verantworten hast – nehmen wir an, ein Kind stirbt an einer Erkrankung der Atemwege, die durch zu viel Autoabgase ausgelöst wird, und du als Autofahrer fühlst dich dafür mit verantwortlich –, wird dich das Leid des Kindes und der Eltern berühren, weil du es in deinem Herzen fühlen kannst, aber zugleich fühlst du die tieferen Beweggründe, aus denen heraus diese Menschen gerade dieses Schicksal gewählt haben und kein anderes. Dennoch wird dir im Zustand des offenen Herzens möglicherweise bewusst, auf welche Weise du das Leid anderer ausgelöst hast, und dieses Verhalten zu ändern, wird dir in diesem Moment nicht als Opfer erscheinen, sondern als etwas, das auf ganz selbstverständliche und mühelose Weise aus Liebe geschieht.

Im Ich-Du-Zustand fällt es leicht, Dinge aus Liebe zu tun oder zu unterlassen und zugleich eine klare Unterscheidung zu treffen zwischen »meinen Gefühlen« und »deinen Gefühlen«, »meinem Schicksal« und »deinem Schicksal«.

Probieren Sie es aus. Denken Sie an jemanden, dem gegenüber Sie sich schuldig fühlen. Im normalen Bewusstseinszustand (verschlossenes Herz, Ich-Er-Zustand) können Sie diesem Menschen kaum in die Augen schauen, nicht wahr? Sie fühlen sich sehr schlecht und reagieren entweder mit Flucht, mit übertriebener Demut oder mit Aggression, je nachdem, welches Ihre automatischen Schutzmechanismen sind. Schließen Sie nun die Augen und *fühlen* Sie die Schuld. Machen Sie sich klar, dass es in diesem Moment nicht darum geht, eine Tatsache zu betrachten, sondern ein Gefühl: Ihr Schuldgefühl. Möglicherweise tauchen zunächst andere Emotionen auf, die das Schuldgefühl überdecken oder begleiten: Traurigkeit, Verzweiflung, Wut, Hilflosigkeit oder was auch immer. Betrachten Sie diese Emotionen aufmerksam und neutral, wie ein »Gefühlsforscher« es tun würde. Öffnen Sie ihnen Ihr Herz, bis Sie schließlich in der Lage sind, auch das Schuldgefühl neutral und offen zu betrachten. Erforschen Sie, wie es sich anfühlt und was es von Ihrem Herzen braucht. Probieren Sie dazu die bereits erwähnten »Herzensschlüssel« durch.

Achtung! Ihr Herz für das Schuldgefühl zu öffnen bezweckt nicht, dass das Gefühl hinterher verschwunden ist, sondern im Gegenteil, dass es da sein darf, dass es Raum bekommt in Ihrem Herzen, dass es gefühlt wird – aber ohne dass Sie sich damit identifizieren.

Wenn Ihr Herz offen ist und Sie Ihr Schuldgefühl mit dem, was es von Ihnen braucht, bewusst und als Gefühl (statt als Tatsache) wahrnehmen, stellen Sie sich nun den Menschen vor, dem gegenüber Sie sich schuldig fühlen. Stellen Sie sich vor, wie Sie ihm aufrecht gegenüberstehen und in die Augen schauen, mitsamt Ihrem Schuldgefühl (und den anderen Emotionen, die es eventuell begleiten). Merken Sie, wie sich Ihr Verhältnis zu diesem Menschen verändert? Vorher glaubten Sie, er/sie sei Ihr Opfer. Nun entsteht auf einmal Respekt für diesen Menschen in Ihrem Herzen. Sie erleben sich nicht mehr als Teil einer Täter-Opfer-Verstrickung, welche die Herzen trennt; sondern als »Ich« und »Du«, säuberlich voneinander getrennt, aber von Herz zu Herz verbunden.

Gleiches gilt für Groll: Sind Sie jemandem böse, der Ihnen etwas angetan hat, und können ihm nicht verzeihen? Dann öffnen Sie Ihr Herz für Ihre eigenen Gefühle. Für Ihren Zorn, Ihre Wut, Ihre Ohnmacht, Ihre eventuelle Verbitterung und für den Schmerz, der darunter liegt. Haben Sie diesen als Ihr eigenes Gefühl erkannt und sich von der Idee befreit, es handle sich um eine Tatsache, die Sie vernichten, kleiner machen oder schädigen könnte, und haben Sie diesem Schmerz Ihr Herz geöffnet, so schauen Sie im Geist dem Übeltäter in die Augen, ganz im Bewusstsein Ihrer wahren Gefühle. Sie werden sehen, dass es Sie aufrichtet, Ihre Gefühle zu sich zurückgenommen zu haben, statt den anderen dafür verantwortlich zu machen, und dass Sie plötzlich fühlen können, wie es im Herzen dieses Menschen aussieht. Nun ist Ihr Herz offen und Sie stehen in Beziehung mit diesem anderen, anstatt sich in Ihre eigenen Gedanken und Gefühle einzukapseln.

Auf diese Weise kann das Öffnen des Herzens einen Wiedereintritt in das Bewusstsein der Intimität zur Folge haben und unsere ganze Sicht der Welt verändern. Wir können »die Welt« nicht verändern, aber wir können unsere Sicht der Welt ändern und unser Verhältnis zu ihr auf eine wahrere Basis stellen, indem wir unser Herz öffnen. Und nur aus dem offenen Herzen heraus, dem jeweils anderen als »Du« gegenübertretend, statt ihn als Objekt unserer Wahrnehmung, als Opfer unseres Tuns oder als Verursacher unseres Schicksals herabzuwürdigen, können wir Gesten, Worte, Handlungen hervorbringen, die kein neues »Karma« verursachen, die nicht die alten, zerstörerischen Muster fortsetzen, sondern rein sind – rein in dem Sinne, dass sie unsere Wahrheit ausdrücken, ohne die anderen und die Welt um uns her auszuklammern, wie es im Ich-Es-Zustand (oder im Zustand des verschlossenen Herzens) geschieht. Die Wahrheit, die wir aus dem Herzen zum Ausdruck bringen, entstammt dem »Du-Ich«, dem »Ich« des Grundworts »Ich und Du« – dem Ich, das in Beziehung steht, statt abgesondert zu sein.

Neben und vor allen Anregungen, die ich in diesem Buch gegeben habe, besteht die zentrale Übung für alle, die sich danach sehnen, in den Zustand der Intimität hinein- oder zurückzufinden, darin: Herz öffnen, Herz öffnen, Herz öffnen – statt Kopf zerbrechen. Das Kopfzerbrechen geschieht aus dem beziehungslosen »Ich-Es«-Zustand heraus. Demgegenüber führt das Herzöffnen in Ich-Du-Beziehung und Intimität.

So habe ich es am Ende dieses Buches wie der Biologie-Student gehalten, dessen vertrautes Thema der Wurm war, der jedoch in der mündlichen Prüfung nach dem Elefanten gefragt wurde. »Der Elefant«, begann er, »ist ein großes Tier mit einem Rüssel, dessen Form an einen Wurm erinnert. Der Wurm …«

So wie er bin auch ich wieder bei meinem Thema: das Öffnen des Herzens. Anders als bei jenem Studenten beginnt meine Geschichte jedoch nicht, sondern endet hier.

Möge mein Herz sich weiten
mit jedem Schritt, mit jeder Begegnung.
Möge mein Herz sich jedem Gefühl öffnen
und jedem Wesen, das mir begegnet.
Möge mein Herz sich füllen
mit all der Schönheit dieser Begegnungen,
der kleinen und der großen,
der besonderen wie der alltäglichen.
Möge dein Herz sich all deiner Nöte erbarmen
und dir den Weg nach Hause zeigen,
in die Liebe, der du entstammst,
in die Schönheit, die dein wahres Wesen ist,
in die Intimität mit dir selber
und mit allem, woraus deine Welt besteht.

Quellen und Literaturempfehlungen

William Arntz, Betsy Chasse, Mark Vicente: *Bleep. An der Schnittstelle von Spiritualität und Wissenschaft*, VAK, Kirchzarten b. Freiburg 2006

Martin Buber: *Ich und Du*, Lambert-Schneider, Heidelberg 1974

Stephen T. Chang: *Das Tao der Sexualität*, Ariston, Kreuzlingen/München 1992

Meister Eckart: *Stille und Ewigkeit*, Lorber & Turm, Baden-Baden 1986

Masaru Emoto: *Die Antwort des Wassers*, KOHA, Burgrain 2001

Hazrat Inayat Khan: *Die Seele – woher und wohin*, Verlag Heilbronn, Heilbronn 2003

Hazrat Inayat Khan: *Gebet – Atem der Seele*, Verlag Heilbronn, Heilbronn 1999

Pir Vilayat Inayat Khan: *Das, was durchscheint durch das, was erscheint*, Edition Nada, Bad Bevensen 1998

Manfred Kyber: *Die drei Lichter der kleinen Veronika*, Heyne, München 2005

Richard Moss: *Krankheit – Tor zur Wandlung*, Ansata, Interlaken 1988

Safi Nidiaye: *Meditationen für den Morgen*, Knaur, München 2006

Safi Nidiaye: *Wieder fühlen lernen*, Integral München 2006

Safi Nidiaye: *Zauberworte der Liebe*, Knaur, München 2006

Safi Nidiaye: *Befreie deine Sehnsucht*, Integral, München 2005

Safi Nidiaye: *Den Weg des Herzens gehen*, neu unter dem Titel *Das Bewusstseins-Orakel*, Ullstein, Berlin 2005

Safi Nidiaye: *Aufwachen und lachen*, Integral, München 2004

Safi Nidiaye: *Liebe ist mehr als ein Gefühl*, Ullstein, Berlin 2004

Safi Nidiaye: *Das Tao des Herzens*, Ullstein, Berlin 2004

Safi Nidiaye: *Ihr höheres Selbst*, Ullstein, Berlin 2004

Safi Nidiaye: *Herz öffnen statt Kopf zerbrechen*, Integral, München 2002

Safi Nidiaye: *Die Stimme des Herzens*, Bastei-Lübbe, Bergisch-Gladbach 2000
John O'Donohue: *Anam Cara. Das Buch der keltischen Weisheit*, dtv, München 1997
Rainer Maria Rilke: *Die Gedichte*, Insel, Frankfurt 1986
Jane Roberts: *Die Natur der persönlichen Realität*, Ariston, Genf 1985
Jane Roberts: *Das Seth-Material*, Ariston, Genf 1986
Shri Anandamayi Ma: *Matri Darshan*, Mangalam, Lautersheim 1983
David Steindl-Rast: *Fülle und Nichts*, Herder, Freiburg 2005
Joyce und Barry Vissell: *Der gemeinsame Weg*, München 1989
Walt Whitman: *Grashalme*, Diogenes, Zürich 1985
Gary Zukav: *Der Sitz der Seele*, Rowohlt, Reinbek 2000

Anmerkungen

1 Definition von Martin Buber, siehe Kapitel »Ich und Du«, Seite 105 ff.

2 später neu aufgelegt als *Das Bewusstseins-Orakel*

3 Martin Buber: *Ich und Du*, Seite 15 f.

4 »What the Bleep do we know«

5 Jane Roberts: *Die Natur der persönlichen Realität*

6 »Die Jungs«: saloppe Umschreibung für die Quelle der Intuition, das höhere Selbst gemeinsam mit eventuell inspirierenden Wesen aus der geistigen Welt. Siehe: *Liebe ist mehr als ein Gefühl, Neues Wissen, neues Denken für eine bessere Zukunft* (vergriffen) und *Führung durch Intuition*

7 in *Anam Cara*

8 Aristoteles-Zitat aus *De Anima*, zitiert von John O'Donohue in *Anam Cara*

9 Das Interessante ist, dass sich innerhalb einer halben Stunde, nachdem ich dies geschrieben habe, eine Katastrophe in meiner Umgebung ereignet – ein großer Unfall – und eine weitere zu Hause: Mir fällt eine Schublade auf den Fuß, und ihre Spitze landet genau auf meinem kleinen Zeh. Rückblickend erkenne ich, dass diese Verletzung eine große Veränderung in mir bewirkt hat.

10 Begriff von Martin Buber, siehe Kapitel »Ich und Du«, Seite 105 ff.

11 Seltsamerweise ist allgemein nicht bekannt, obwohl es auf der Hand liegt: Mikrowellen heizen Atmosphäre und Organismen auf. Das wurde von etlichen Wissenschaftlern bestätigt. Die Klimaerwärmung vollzieht sich zeitgleich mit der Ausbreitung des Mobilfunks.

12 Bei beidem entstehen Gase, die entscheidend zur Klimaerwärmung beitragen.

13 siehe Safi Nidiaye: *Liebe ist mehr als ein Gefühl*

14 vor allem in *Wieder fühlen lernen, Aufwachen und lachen, Befreie deine Sehnsucht* und *Herz öffnen statt Kopf zerbrechen*